エリア・スタディーズ 109

カナダを旅する37章

飯野正子
竹中　豊（編著）

明石書店

はじめに

本書は『カナダを旅する……』とうたっているのですが、旅行ガイドブックではありません。快適にカナダを旅するためのノウハウものでもありません。本書の目指すところは、読者のみなさんとともに知的なカナダを旅することにあります。

ですから本書では、ステレオタイプ化された『赤毛のアン』、ロッキー山脈、ナイアガラ瀑布などは登場しません。カナダ入門書を超えて、「もっと深く多面的かつ刺激的にカナダを知りたい」、そんな方を対象に本書は編まれています。読者はここで、歴史から社会まで、英語系・仏語系文学から芸術や先住民文化まで、そしてもちろん東西南北の都市を含めて、カナダを舞台としたユニークな多文化・多民族共生の営みを「体験」することができるでしょう。

カナダは広大な国土を背景に、それぞれ個性豊かな10州と3準州からなる国です。地域に対する帰属意識は強く、州はゆるやかな「半独立国家」のようなものです。地域が違えば、風土はもちろん民族構成も、そして人々の歴史観も異なります。大雑把なところでも、たとえば英語系カナダでは好んで「多文化主義」を標榜しますが、仏語系ケベックではその用語を嫌い、「インターカルチュラリズム」を使います。要するに、カナダは決して堅くむすばれた一枚岩の国ではないのです。本書とともにカナダを旅していただければ、この国がいかに文化的・歴史的・社会的に「多様性」から成り立っているか、お気づきになるでしょう。「カナダはこんな国」、と一言では表現できない、そこがカナダという国の面白さでしょう。

それでもカナダが分裂に至らないのは、なぜでしょうか。それは、この国が州・連邦（国）を超えて、お互いに「異なること」に価値をおき、それを尊重する社会だからでしょう。カナダを知的に旅する醍醐味とは、それを実感することかもしれません。

本書刊行にあたっては、よき執筆者——というより、よき旅の案内人——に恵まれました。心楽しい旅は、こうした案内人との出会いにあります。とりわけ木野淳子さんには、執筆に加えて最終校正まで丁寧に見ていただきました。感謝します。そして最後になりましたが、編集作業にあたっては小林洋幸氏と小山光氏にはたいへんお世話になりました。執筆者、いや、旅の案内人、そして旅人を代表して、心より御礼を申しあげます。

２０１２年８月

編者　飯野正子

竹中　豊

カナダを旅する37章

♖

目次

第4部　「カナダの政治舞台」を旅する

第5部　「カナダ文学の舞台」を旅する

第6部　「日系人の過去と現在」を旅する

第7部　「カナディアン・アーツ」を旅する

＊撮影者の明記のない写真はその章の筆者が撮影したもの。

カナダ全図

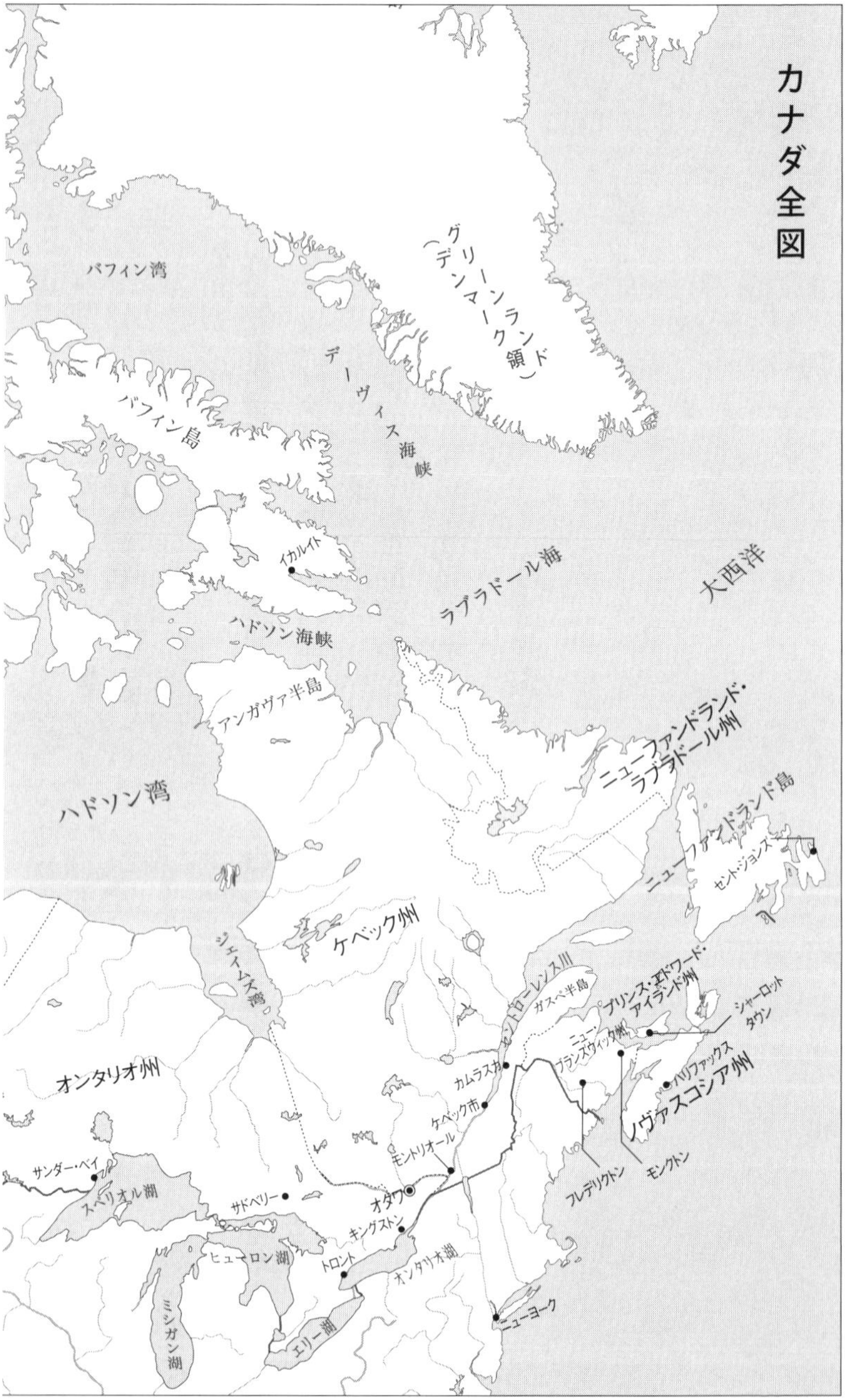

グリーンランド
（デンマーク領）
バフィン湾
デーヴィス海峡
バフィン島
イカルイト
ラブラドール海
大西洋
ハドソン海峡
アンガヴァ半島
ニューファンドランド・
ラブラドール州
ニューファンドランド島
セント・ジョンズ
ハドソン湾
ケベック州
ジェイムズ湾
セントローレンス川
ガスペ半島
プリンス・エドワード・
アイランド州
シャーロットタウン
ニュー・
ブランズウィック州
ハリファックス
ノヴァスコシア州
カムラスカ
ケベック市
モントリオール
オタワ
フレデリクトン
モンクトン
オンタリオ州
サンダー・ベイ
スペリオル湖
サドベリー
キングストン
ヒューロン湖
トロント
オンタリオ湖
ミシガン湖
エリー湖
ニューヨーク

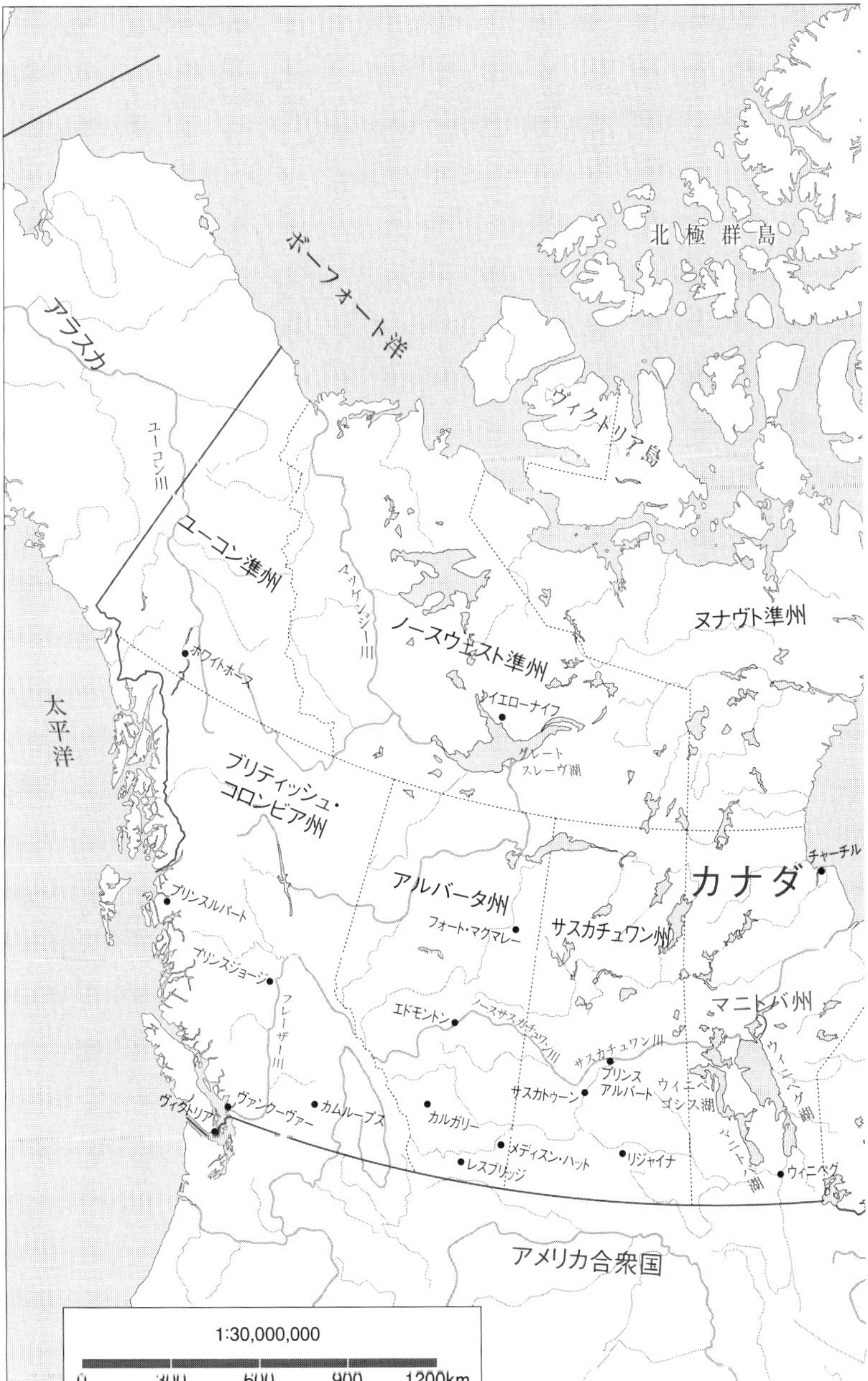

北極群島
ボーフォート洋
アラスカ
ヴィクトリア島
ユーコン川
ユーコン準州
マッケンジー川
ノースウエスト準州
ヌナヴト準州
ホワイトホース
イエローナイフ
グレート
スレーヴ湖
太平洋
ブリティッシュ・
コロンビア州
チャーチル
アルバータ州
カナダ
プリンスルパート
フォート・マクマレー
サスカチュワン州
プリンスジョージ
フレーザー川
マニトバ州
エドモントン
ノースサスカチュワン川
サスカチュワン川
プリンス
アルバート
ウィニペゴシス湖
ウィニペグ湖
サスカトゥーン
ヴィクトリア
ヴァンクーヴァー
カムループス
カルガリー
マニトバ湖
メディスン・ハット
リジャイナ
レスブリッジ
ウィニペグ
アメリカ合衆国
1:30,000,000
0
300
600
900
1200km

カナダ地形図

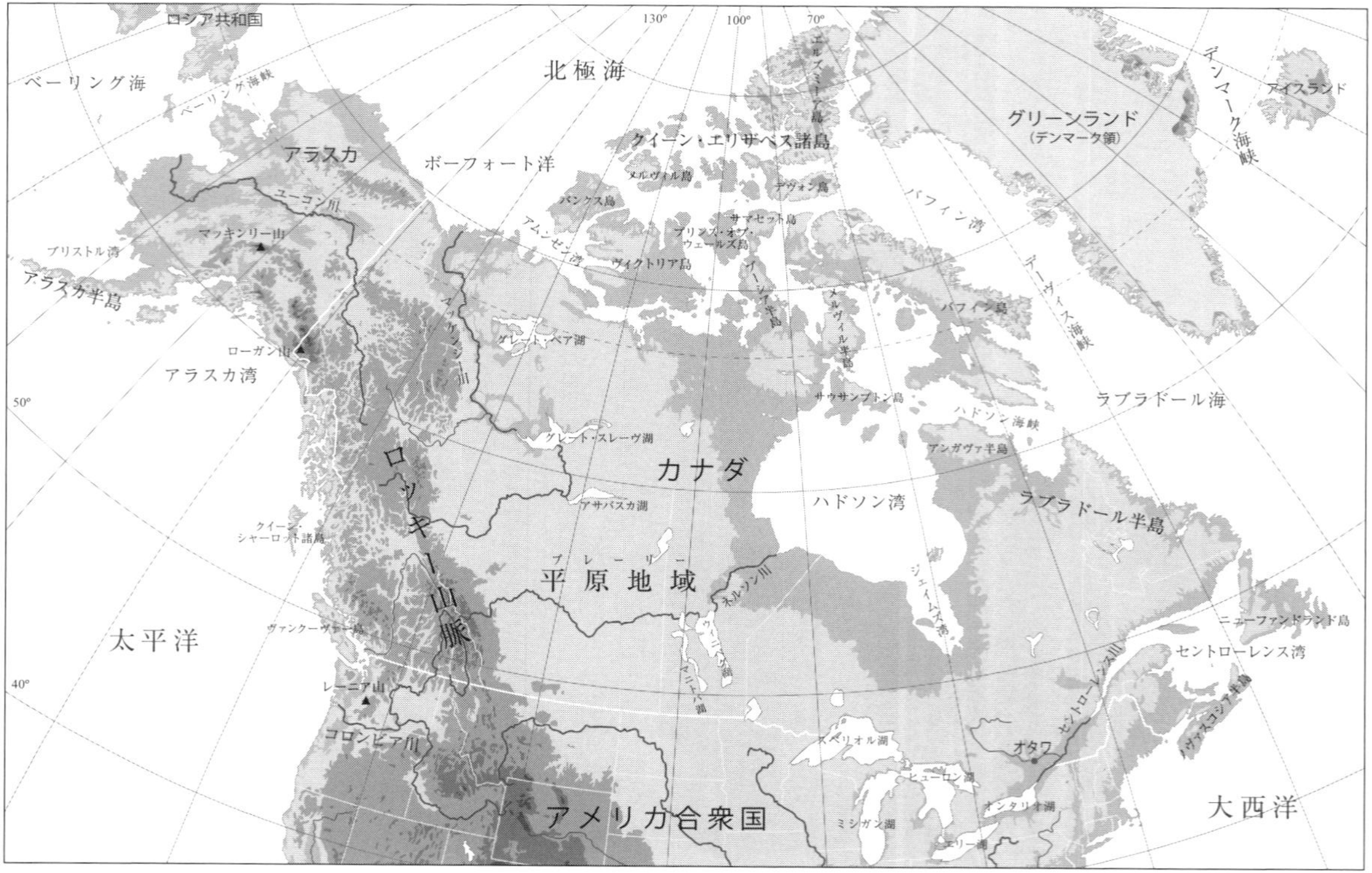
ロシア共和国
ベーリング海
ベーリング海峡
北極海
130°
100°
70°
エルズミーア島
クイーン・エリザベス諸島
グリーンランド
（デンマーク領）
デンマーク海峡
アイスランド
アラスカ
ボーフォート洋
メルヴィル島
デヴォン島
バンクス島
サマセット島
バフィン湾
ユーコン川
プリンス・オブ・ウェールズ島
アムンゼン湾
ヴィクトリア島
マッキンリー山
ブリストル湾
アラスカ半島
ブーシア半島
メルヴィル半島
デーヴィス海峡
バフィン島
マッケンジー川
グレート・ベア湖
ローガン山
アラスカ湾
50°
サウサンプトン島
ラブラドール海
ハドソン海峡
グレート・スレーヴ湖
アンガヴァ半島
ロッキー山脈
カナダ
アサバスカ湖
ハドソン湾
ラブラドール半島
クイーン・シャーロット諸島
平原地域
ネルソン川
ジェイムズ湾
ヴァンクーヴァー島
ウィニペグ湖
ニューファンドランド島
太平洋
セントローレンス湾
マニトバ湖
セントローレンス川
40°
レーニア山
ノヴァスコシア半島
コロンビア川
スペリオル湖
オタワ
ヒューロン湖
オンタリオ湖
大西洋
アメリカ合衆国
ミシガン湖
エリー湖

序の部

旅立ちにあたって

01

カナディアン・アイデンティティを求めての旅
カナダとカナダ人をめぐって

アイデンティティへの開眼

「誰も私の国を知らない。よそ者もその息子たちも」。カナダ人ジャーナリストのブルース・ハチソン（1901〜92）は、その名著『知られざる国カナダ——カナダとその人々』の冒頭で、こう問いかけたのだった。1942年のことだ。こうして彼のカナダ旅行記が始まる。目指すは本や新聞のうえでのカナダ論ではない。住む人の声を聞き、自然の大気の色と光を感じ、カナダをこの目と心とで〝発見〟することにあった。同時に、歴史を探り、風景を楽しみ、広い国土をゆったりと旅する。ムダを省いた簡潔な文体、読者をひきつけて離さない筆致の軽快さ、そして何よりもカナダに対する素直な愛情が心地よく響く。今読んでも名著だ。

　実はこの本は、第二次世界大戦中にカナダでなくアメリカ合衆国の出版社から刊行されたものだった。戦争のさなか、アメリカにとって北の〝同盟国カナダ〟とはどんな国なのか、それをアメリカ人にもっと知ってほしい、というのが出版の本来の趣旨だった。ところが、カナダでも刊行されると、本書は国内で大きな反響を呼び起こした。当然か、それとも皮肉というべきか。ともあれ、カナダ人にとって、それは自国〝再発見〟の道しるべに連なった。1942年、最高栄誉であるカナダ総督賞受賞は、それを如実に物語る。自国を知り、自国を理解する、そのための格好の刺激剤の役割を果たしたといってもいい。なにしろその頃まで、「カナダとは何か」という大それた問題意識など、ほとんど存在しなかったのだから。

　カナダ紹介のアイディアと発端はたしかにアメリカ合衆国からだった。だが、アメリカでなくカナダ特有の温もりと匂いを嗅ぎつけ、そこに味付けをし、そして自らの言葉でこの国を表現したのは、まさしくカ

01「カナダ連邦騎馬警官」。通称、RCMPと呼ばれる国家警察。カナダを代表するシンボルの一つ。この制服姿は国家的式典など、通常、特別の儀式の際に見ることができる。

ナダ人だった。「カナディアン・アイデンティティ」の模索の旅はこうして始まった。ハチソンの発想は、新鮮でさわやかだった。

旅から得たカナダ観

ひるがえって、「カナディアン・アイデンティティの旅」とは何か。それにはまず、ハチソンとまではいかずとも、少しでも多く、広大な土地とさまざまな民族や人と触れ合い、歴史を探り、一つの現象だけを見ず全体をとらえ、そして心を開いて語り合うことだ。そうすれば、カナダとは何か、またカナダ人とは何か、それがいささかは見えてくるだろう。そう自分自身に言い聞かせて、いやいや、本音はそんなに思いつめた問題意識でなく、もっと気楽な遊び心で私はカナダを旅したのだった。東端は大西洋を臨むニューファンドランド州（当時）のケープ・スピア――ここは文字どおり北米大陸の最東端――、西端はアジアからの玄関口ブリティッシュ・コロンビア州のヴァンクーヴァー、北端はマイナス30度を超える厳冬のノースウェスト準州イエローナイフ、そして南端は……と言ってハテと、戸惑うのだが、オンタリオ州のナイアガラ・フォールズ、としておこう。ともかく世界第二の面積をもつカナダを、時間をかけて私は東西南北に何度も旅した。もちろん、内陸部の大都市・町・村へもたくさん訪れた。

その旅から知り得た結論の第一。「地理は歴史の舞台」ということ。カナダほどこの言葉が当てはまる国はない。ヨーロッパ人が17世紀初頭に現在のカナダに定着して以来、わずか４００年あまりで、よくもまあ、これほど巨大な北方国家を平和的に統治できるようになったものだ、と感心するばかりだ。カナダの歴史とは、決して母なる優しい自然との調和ではなかった。厳しい自然への挑戦・対決・克服であったろう。自然風土との関わり合い、とくに冬の寒さを理解せずして、カナダはわからない。

第二の結論。「人のあたたかい善意にたくさん触れた」ということ。旅先で会う人、見るもの、聞くもの、食べるもの、風俗習慣、そのすべてが新鮮だ。これは世界・古今東西を問わず、旅の醍醐味ではあろう。カナダの場合には、さらに〝付加価値〟がある。広大な国土ゆえ民族や地域色も多様なのだが、それでも共通点があるのだ。治安のよさ、人のよさ、人なつっこさ、

02 VIAで出発（モントリオール駅にて）。
03 VIA列車（オタワ駅にて）。興味あることに、オタワ駅は町の中心部から移転して、はずれにある（撮影：本間昌策）。

素朴さ、親切さ、大らかさ……などなどあげればきりがない。もちろん時には例外もあるだろう。しかし私の旅の場合、幸いにもカナダ人の善意に本当にたくさん触れることができた。その数は、もう計り知れない。「旅は教師」だと思い知らされた。さらに、カナダにいるといつも余韻に残る言葉を耳にする。英語・フランス語を問わず、別れぎわに決まってこう言うのだ。"Have a nice day!" "Bonne journée!"

そして第三の結論。「人間の未来に対して本気で楽観的になれる」ということ。これは、正直、過剰評価のカナダ観かもしれない。カナダには泥棒も殺人犯もいるのだ。だから警察も軍隊もある。〝嫌な奴〟だってそこらへんにけっこういるから、決して天国ではない。やることなすことが、大雑把でぶっきらぼうな対応にぶつかることも、決して少なくない。

「アメリカ合衆国の余白」「何よりもダメなカナダ」と揶揄《やゆ》するニッポン人も、たしかにいる。にもかかわらず、国の在り方、あるいはその方向性という面からカナダを考えてみると、不思議なことに、妙な悲観的気持ちはふっ飛んでしまう。未完で荒削りながらも、あの人なつっこい笑顔とともに、この国は豊かな可能性をたくさん秘めているためだろう。カナダにはヨーロッパのある国のような移民排斥は、今はない。現在、さらなる多文化共存型社会を必死に目指している。フランスの著名な社会学者ルネ・レモンが、「フランスの未来はケベックにある」と言ったのも、あながち誇張ではないだろう。

ならばカナダは、その個性的姿、つまりは「カナディアン・アイデンティティ」をどのように形成してきたのか。それを次に「旅」してみよう。

アイデンティティ構築への旅

第二次世界大戦後、カナダは民族的・文化的多様性豊かな社会として大きく変化していく。加えて、アメリカ合衆国による経済的支配や文化的浸透も、ますますはびこっていった。カナダのアイデンティティはどこにあるのか。いや、そんなものはそもそも存在するのか。カナダは、歴史的にフランスの香りを残しながらフランスでない。イギリス的伝統を継承しながらもイギリスでない。ましてや〝もう一つのアメリカ合衆国〟であろうはずもない。ならば、カナダとは何か？　ほどよい中間性の国？　それとも、体《てい》のいい曖昧性？　これじゃあ、困る。これではカナダ的独自性がないではないか、もっとはっきりとした「カナダ的個性」が必要だ……と、心あるカナダ人はそう考えたに違いない。

以前、あるカナダ人のインテリが、こんなことを言っていたのを思い出す。「カナダの問題点、それはこの国が形而上学的悩みをもたないことにあるのだ」と。どうもこれは哲学的で、神秘的で、難しい。そしてわかったような、わからないような、しかしひょっとしてこれは図星かもしれない。要するに、カナダは衣食住が満ち足り、のどかで平穏な国だが、それ以上のもっと精神的な面での葛藤が足りない、ということなのだろう。貪欲なまでにがんばるのはアメリカ人にまかせておけ、われわれはアメリカ人じゃあない。世界で一番でありたいなんて思うのは狂気の沙汰。好戦的で、世界の警察であることなんてまっぴらゴメン。「われわれは決してがんばらない」。

しかし、それでもやっぱり疑問が消えない。カナダ人とは何なのだ？　カナディアン・アイデンティティとは何？　大まじめに考えれば、これはカナダに生きる者にとって、理念上の死活的問題であるはずだ。幸いにも、カナダ人はこうした問題に応えて形而下的カナダ・モデルをいくつも〝発明〟したのだった。ただ、そのがんばり方の表現が、いかにもカナダ的だった。対決的でなく妥協的、急進的でなく漸進的、空想的でなく現実的。そして決して急がない。そのモデルとは？

まず時は1960年代。この時代、フランス系の多いケベック州では、カトリック教会の支配する伝統的社会から脱宗教化と近代化に向けて、大きな社会変動が起こった。これを「静かな革命」という。他方、カナダは1867年の連邦結成後、1世紀を迎え

04 市内中心部にある「ケベック大学モントリオール校」。かつてカトリック教会だった敷地に、近代的な大学が建つ。旧教会の玄関側の壁と十字架の尖塔を残しているが、ドアを開けて中に入ると、そこには聖堂でなく、教室に通じる回廊がある。

ていた。カナダとその過去を振り返り、未来に向けて自らを省みる絶好の機会だった。ナショナルな意味で、何かを創造しようとする意欲がみなぎっていたのだ。その向かうところは、まさに「カナディアン・アイデンティティ」の確立。たとえばカナダ歴史学界は、英語系・フランス語系を問わず、総力をあげて「カナダ100年祭シリーズ」を出版した。これは、カナダの知的バックボーンとして、ナショナル・ヒストリーをより強固に打ち立てる試みで、質的にも優れていた。カナダの過去をとらえる「知的枠組み」が再整理された次第だ。政治社会に目を向けると、新しいカナダ国旗が制定された。国内でカンカンガクガクの議論を経ながらも、伝統的なユニオンジャックがはずされ、赤いメープルが国旗のシンボルとなる。1965年2月15日、この新国旗がカナダ連邦議会に初めて掲揚された。国家的統合と権威の「シンボル」が出来上がると、その次は「言語」だ。1969年、英語・フランス語が「公用語法」として成立した。この二言語主義政策は、アメリカとカナダとの違いを際立たせるものの一つだ。

他方、移民政策を採るカナダは、時とともにますます多民族化していく。当時の連邦首相ピエール・E・トルドーは、紆余曲折を経ながらも、1971年、世界初の多文化主義政策を打ち出す。そもそも

05「旧カナダ国旗」。イギリスの象徴のユニオン・フラッグとともに、右側には連邦結成時の4つの州の紋章がデザインされている。

06 かえでの葉をデザインした「現在のカナダ国旗」。初の公式の国旗掲揚は、1965年2月15日。

典型的なカナダ文化なんてない、あるのは世界のさまざまな文化からなる「固有文化」であり、それの温存、発展、そしてこれらの相互尊重こそがカナダの文化的特質なのだ、とした。トルドーは議会でこう述べる。「多文化主義政策が、カナダ人の文化的自由を保障するもっとも適切な方法だ」。

こうして20世紀後半に、カナダは、独自の「二言語主義」と「多文化主義」を明快に打ち出すことにより、〝この国の新しい形〟を創造したのだった。カナディアン・アイデンティティの見取り図は、こうして出来上がっていく。

アイデンティティの〝深化〟

もちろん、アイデンティティ確立への旅は、まだ終わらない。さらなる肉付け、言い換えれば、その〝深化〟が必要だった。以降の動きをほんの少しだけ見てみよう。

たとえば、文学の世界。マーガレット・アトウッドの『サヴァイヴァル』（１９７２）は、内外で大きな話題を呼び、カナダ文学の発見から〝認知〟へと質的に大きく前進した。この自国文学への開眼は、カナダ人の「心」の世界の発見でもあったろう。それは誇張でなく、カナダ人であることの自信に連なったに違いない。政治的事柄でいえば、１９８０年に「新国歌」が採用される。イギリス国歌「ゴッド・セイブ・ザ・クイーン」は長らくカナダ国歌でもあったのだが、それが１９８０年、「オー・カナダ」に取って代わった。カナダ独自の国歌の公認だ。もっとも、この曲および歌詞のオリジナルは19世紀にケベック人によって出来上がっていたのだが。

国の基本法である憲法となると、さらに新しい内容のものを作り上げてしまう。１９８２年のことだ。かといって、〝旧憲法〟（「英領北アメリカ法」）を廃止したわけでもない。それを「１８６７年憲法」と改称したうえで、新憲法と併存させる。それに至る道程は試行錯誤の連続だったが、ともあれカナダ憲法の改廃権をイギリスからカナダに完全に移し、また憲法上の「人権規定」の導入に成功したのだった。これで、カナダは名実ともに「独立国家」となる。アイデンティティの法制度的完成だ。

「人」も「文学」も「国歌」も「憲法」もすべて新しいカナダ、それでいて歴史的にはヨーロッパ的伝統を根底で継承している……これがこの国の真の姿だ。過去、アメリカとの併合を危惧し、南の隣国の動きにびくびく神経をとがらせて生きていたカナダ。だがもうそれは卒業だ。アメリカの対イラク戦を支持しなかったように、カナダは言うべきときには断固自己主張をする外交姿勢をもつ。また、〝独自の社会〟であるケベックの分離志向を牽制し、なだめ、だがその独自性を尊重するカナダ。「ハロー、ボンジュール」の挨拶がこの国には似合う。さらに、カナダ連邦の誕生した１８６７年以降、実質的国家元首であるカナダ総督は、イギリス人が就いていたのだが、１９５２年以降、カナダ人が就任している。ドイツ系、ウクライナ系、中国系（女性）、ハイチ系（黒人女性）……などなど、民族的出自も豊かだ。こう

07 マーガレット・アトウッドの話題作『サヴァイヴァル』の初版の表紙。

08 ケベック州ローレンシアン地方の湖畔のコティッジ。これらはアルゴンキン公園近くに限らず、カナダの至る所で見られる。静かで、ゆったりしたリズムを楽しむのがカナダ人だ（撮影：本間昌策）。

なると、将来、先住民出身のカナダ総督が誕生しても不思議でない。

カナダ人とは

結局、「カナディアン・アイデンティティ」の旅から導き出せるカナダ人とは何か。ざっくばらんなところ、それに答えるのは、難しいことじゃあない。たとえば……夏に長い休暇をとり、オンタリオ州の広大なアルゴンキン国立公園近くにある湖畔のコティッジに泊まり、湖上でボートに乗って朝から晩までジ〜と釣り糸をたれる。だが魚は一匹も釣れない。それでも飽きずに、懲りずに、毎日毎日、湖上でノンビリとそれを繰り返す。そして数週間後、「ああ、面白かった」と満足しながら休暇を終える。そう、こんなにも長閑《のどか》で、静穏で、そして何もない「旅」を満喫できれば、あなたはもう立派なカナダ人です。

（竹中　豊）

第1部

「カナダの歴史舞台」を旅する

02

16世紀の北米大陸
西ヨーロッパ人の描いたカナダ

なぜ北米大陸への旅へ？

昔の「旅」は楽しいものではなかった。ヨーロッパ人にとり陸路は治安の悪さ、海路は未知の世界への冒険でもあったから、長旅は命がけだった。英語の“travel”は、古フランス語でいう“travail”（骨折り）に由来するという。しかも、それは「拷問」に近い意味をも含んでいたゆえ、「旅」は今風の「快適さ」どころか、苦悶の仕業でさえあった。

それでも、ヨーロッパ人は15世紀末からなぜ新大陸へと旅立ったのだろうか。なるほど、富と豊かさを求めての経済的動機、領土と権勢欲拡大のための政治的要因、そしてカトリック教会側から布教のための宗教的情熱など、さまざまな要素がその背景にあったろう。遠洋航海に耐えられる船舶や航海技術の進歩も、もちろん無視できない。

だがおそらくはそれ以上に、こうした冒険旅行を駆り立てた強い「思い入れ」があった。志気の高さである。驚くほどの探求心といってもいい。時代はルネッサンスを経ていた。ヨーロッパの教養人にとり、物欲をしのぐ「知識欲」、そして飽くことのない「好奇心」は、おそらく今日では想像もつかないほどだったろう。海の向こうの世界には何があるのか、われわれの理想郷なのか、異世界の住人とは「高貴なる野蛮人」なのか、それとも「神の愛を知らぬ不幸な人たち」なのか……。思いは果てしなかった。こうした想像力あふれる探求心こそ、ヨーロッパ人が新大陸に踏み込んでいくもう一つの動機づけだった。

ヨーロッパ人の見た初期カナダのイメージ

16〜17世紀のカナダ史を飾るのは〝探検旅行〟だった。多くの記録を残しているのは、航海士・宣教師・植民地行政官、さらに地図製作人たちだった。彼らの「旅」から、あるいはその余韻として、ヨーロッパ人にとり北米大陸はどのように映ったろうか。いくつか例を見てみよう。

中央集権的王権国家を後ろ盾に、今日のカナダに相当する地へ探検航海した最初の人物の一人が、ジョン・カボット（１４５０頃〜９８）だ。彼はイタリアのヴェニス生まれだが、イングランド国王に仕え、現在のニューファンドランド島に到達したとされる。コロンブスのアメリカ到達より5年遅い１４９７年のことだった。彼の旅、つまり探検航海には謎の部分も多いのだが、しかしこれが、イギリスにとって北米の占有権を主張する根拠となる。

フランスは30余年遅れた。１５３４年、ジャック・カルチエ（１４９１〜１５５７）は、ケベック州ガスペ半島先端に上陸した。フランス系ケベック史では、通常、この年をもって「ヌーヴェル・フランス」の始まりとなる。おのずと、彼の存在は初期カナダ史を語るうえで欠かせない。象徴的なのは、この上陸地点で「フランス国王万歳」と刻んだ十字架を建立し、領土宣言をしたことだった。名もなく「誰にも属さない地」の領有権は、当時、こうしたセレモニーを経れば、早い者勝ちした側にゆだねられた。なんとものどかで大らかだが、先住民の側から見れば身勝手で独善的な時代でもあった。

カルチエの旅はこれで終わらない。さらに１５３５年と１５３６年、今度はセントローレンス川をさかのぼり、現在のモントリオールまで達した。帰国後、彼は『航海記』を刊行するのだが、これが、やがて新大陸のカナダ像について、ステレオタイプを作り上げることになる。たとえば、彼は旧約聖書を引用しつつ、カナダを「神がカインに与えた地」、すなわち「呪われた土地」と呼んでいた。当初、そこは富をもたらす場でなく、理想郷でもないと映ったからである。先住民は「塩気のあるものは一切口にしない」との興味ある観察があるものの、総じて彼らを「未開人」「惨めな人たち」「泥棒」といったように、相手を見下す態度でとらえていたのも特徴だ。

かくして、あまりに異質な風土、あるいは文化パターンの極度に異なる人々との出会いは、16世紀版カルチャーショックとして記録されることになる。この『航海記』はまもなくイタリア語にも訳されるのだが、それがきっかけで、イタリアの地図製作人や人文学者によって、新しいカナダのイメージが〝創作〟されていく。

アート・マップに見るカナダ

アート・マップとは、単に地図作製だけでなく、そのなかにさらに絵を描き加えた作品のことを指す。カルチエの旅行記は、こうしたアート・マップ製作者たちの創作力を駆り立てるのに十分だった。探検家たちの姿・先住民たち・風物などさまざまな新大陸の光景が、見る者にとってリアリスティックに描かれる。これらの原作者は多くの場合、実際の旅の体験者でない。旅の記録や「聞きかじり」をもとに、想像力を駆使して描いたものがほとんどだ。厳密にいえば事実の描写とは異なるのだが、当時のヨーロッパ人がカナダや新大陸をどのようにイメージしたか、それを探るうえでは興味深い。また、この種の地図は実際の航海用としてでなく、歴史的偉業を示すという視覚的役割も担っていた。さらに地図の所有者は、通常、王侯貴族であったから、見た目のおもしろさや華やかさと同時に、政治力を誇示する意味もあった。

ニコラス・ヴァラール（生没年不詳）というフランスの地図製作人の例を見てみよう。

彼は１５４７年、北米大陸の北東部（現在のカナダ大西洋沿海諸州とセントローレンス川流域のケベック）の地図を描いている。カナダの歴史書ではおなじみの図だ。ガスペ半島やニューファンドランド島などが、今日見ても驚くほどの正確さで描かれている。彼のアート・マップは武器を携えたフランス人、狩りをする先住民、動物など、当時のカナダのイメージを豊かに表現する。ヴァラールはカナダへ旅したことがなく、カルチエの『航海記』をもとにこの地図を作製した。ただここでいえるのは、新大陸の住民に対するフランス文明の卓越性が、はっきりと読み取れる点である。旅日記は、異文化との触れ合いの記録ではあったが、同時にそれは自文化の優越性の再確認でもあった。

理想的な〝都市空間〟？

その一方、新大陸の住民たちの生活空間を理想化して描いた作品もある。前述のアート・マップがヨーロッパ中心主義の視点であるとすれば、これは、新世界に自分たちの文化を移し替え、いわば理想郷として表現したものである。その典型が、イタリア・ヴェネチアの地図製作人ジアコモ・ガスタルディ（１４８５〜１５５７）の作品「ヌーヴェル・フランスにおけるオシュラガの地」（１５６５）である（図01）。これはカルチエの『航海記』のイタリア語訳の本のなかに登場した挿絵だった。「オシュラガ」とは先住民ヒューロン人の居住地域のことを指す。言い換えれば、海の彼方の未知の土地で、人はどのような都市に生活しているのか、それをカルチエの航海記録に基づいた想像図として描いたものである。

だがそれはヒューロン人の生活環境とまったく異なる空想図だった。この図は、ルネッサンス期の建築家の描く都市図と重複させている。中央の円形は都市、その内側で碁盤の目のように秩序正しく並ぶのは住居、真ん中には広場がある。都市の外側の上下には、二階建ての頑丈な〝城壁〟が築かれており、これは外敵の進入を防ぐ小都市国家を連想させる。結局、これはあるべき理想都市の〝想像図〟にほかならない。

さらに興味を呼ぶのは、図の前方中央でカルチエとおぼしき人物が、先住民と握手を交わしている光景である。ここではヨーロッパ人と先住民との対等な友好関係、あるいはフランス人の到来を歓迎している姿として描かれている。それを拡大したのが図02である。この時点で、異世界との触れ合いは、双方との信頼関係の上に成り立つことを、この図は明白に示している。

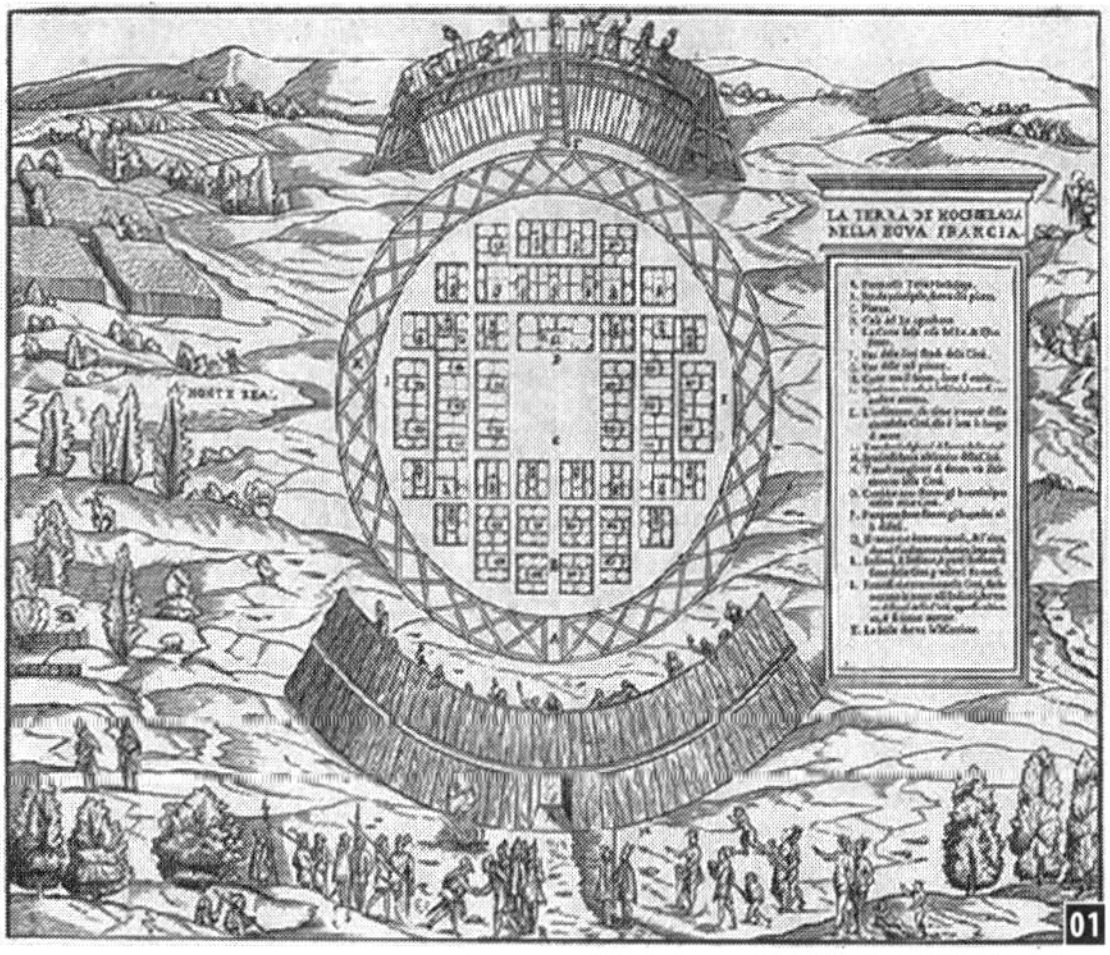

01 G・ガスタルディ「ヌーヴェル・フランスにおけるオシュラカの地」（1565）。
02 同、拡大図。

おわりに

16～17世紀において、新大陸カナダへの旅がヨーロッパ人にもたらしたものは、何だったろうか。その成果の一つが〝探検文学〟であり、そこから派生したアート・マップなどの〝視覚芸術〟だった。新世界は異世界であり、異世界は未知の土地だったから、それを表現する者にとっては、豊かな想像力の展開する機会ともなり得た。それが自由な空想世界の創造へと連なっていった。旅から得たものとは、カナダを舞台に、ヨーロッパ人の理想とするあるべき心象風景を表現できたことだった。もとより、それは歴史的事実ではなかったが……。

（竹中　豊）

03

セントローレンス川に浮かぶ小さな島物語

オルレアン島の歴史

オルレアン島は、ケベック州の州都ケベック市の近くにあり、セントローレンス川に浮かぶ周囲67キロ、全長34キロメートル、最大幅8・8キロの木の葉の形をした島である。北の左岸は川から切り立って畑がある。一方、南の右岸は親水地区で、船着場、ヨットの停泊所、パブリック・ビーチがある。中央の低い尾根はセントローレンス川に向かって傾斜している。かつて、対岸に行くには冬季に凍った川を歩いて渡るか、フェリーボートしかなかったオルレアン島に、1935年、唯一の橋が架けられた。近年は、毎年60万人以上の人々が、伝統的な風土に魅せられ、心の安らぎを求めて島内散策を満喫している。1990年、オルレアン島はカナダ国立公園歴史地区の一つに認定された。

この島は、350年前のヌーヴェル・フランス時代の石造りの教会をはじめとして、600戸もの歴史的建造物が保存指定を受けている遺跡の島なのである。

01 オルレアン島に架かる橋。

豊かな歴史をもつオルレアン島

オルレアン島の、セントローレンス川の流れがもたらした肥沃で緑に覆われた土地、鳥獣の豊かな狩場、島を取り囲む漁場は古より先住民を魅了してきた。彼らは豆やウリ類などを栽培し、それらを乾燥保存し、魚や獣肉を燻製保存し、サトウカエデの樹液からメープルシロップを作って暮らしていた。先住民ヒューロン人が、その神秘的な魅力ゆえに「魔法使いの島」と呼んでいたこの島に上陸した最初のヨーロッパ人は、探検家のジャック・カルチエである。彼はフランス王のフランソワ1世の命を受け、1534年4月にフランス、ブルターニュ地方のサンマロ港から出航し、セントローレンス湾内のガスペ半島に到達した。そして翌年にセントローレンス川をさかのぼって現在のケベック市旧市街に到達した後に、この島に上陸している。島の至るところに野生のブドウが生い茂っていたことから、カルチエは、ギリシャ神話のブドウ酒と豊穣の神の名にちなんで「バッカスの島」と呼んだ。１５３６年にはフランソワ1世の息子のオルレアン公の栄誉をたたえ「オルレアン島」と名づけられたが、長らくは「魔法使いの島」であった。以後１００年間は対岸のサンタンヌ渓谷を擁していたボープレ領主の所有地の一部であった。

　オルレアン島への入植はフランスのノルマンディ地方やポワトウ地方の出身者によって始まり、１６６１年に最初の村サント・ファミーユ、１６７９年には隣り合う4つの村が誕生した。記録によると、１２０５人の開拓者と９１７の家畜を数えたとある。オルレアン島は、フランスの植民地のうちでももっとも初期の開拓地で、北米大陸の約３００のフラン

02 典型的なフランス様式の民家。オルレアン島では、こうした伝統的建物が至るところで見受けられる。

03 燻製工房。食文化の豊かさは、こうした小さな工房でつくられる味へのこだわりにもある。

04 イチゴの収穫。

ス系の家庭がオルレアン島に生まれ故郷をもつといわれる。畑はフランス北西部のやり方で、各戸が水辺に至る、島の中央から岸までの細長い形に整地された。１７４４年、島の輪郭をなぞるように67キロメートルの周回道路、ロイヤル通りが完成している。道路脇には白壁の領主屋敷が点在する。それらは植民地時代の、屋根に特徴のある伝統的なフランス建築様式で、庭はアプローチを広く取り、横には美しい田園風景が広がる。

オルレアン島の味めぐり

１８５４年までは自給自足のための伝統的な農業が中心であったが、以後はケベック市に近い食糧生産地として、ケベック市場の要望に応える品種を栽培している。主要な農産物はオーツ麦、ジャガイモ、イチゴ、ポロネギ、トウモロコシである。穀物畑、野菜畑、果樹園、牧草地は、ほとんどがロイヤル通りに面している。おしゃれな案内板を掲げた、ブドウ畑とワイナリー、地ビールの醸造所と小さなパブ、リンゴ園に隣接するシードル、ジャム、ハチミツの工房、ハーブの畑とアロマショップがある。牛が草を食む牧場近くには、フレッシュチーズの作業場とアイスクリームショップがある。早春のサトウカエデの林では、砂糖小屋で観光客にできたてのメープルシロップとソバ粉のクレープなどの郷土料理を出している。イチゴ狩り、ブルーベリー摘みなどが体験でき、道にパラソルを掲げて出しているスタンドや可愛い小屋では、籠に盛られた収穫したばかりの野菜や果物が並ぶ。

また、ニジマスが飛び跳ねる養殖池では、入り口で竿と練り餌を受け取り、釣った魚のグラム数に応じて料金を支払う。バターでソテーすればメイン料理のムニエルとなる。付近にいい香りが漂う燻製小屋で買えるのは、サケ、マス、サバ、ヒラメなどの切り身である。レモン風味、ハーブ味、黒コショウ味などがある。味付けにメープルシロップが使用され、島内のカエデの木片で燻《いぶ》され、飴色に仕上がっている。島の周辺ではウナギが獲れる。その筒切りの燻製品は、長らく食べられてきた伝統食である。その他のケベック伝統料理であるミートパイやサーモンパイをはじめ、鹿やトナカイの肉のソーセージ、カモのパテの瓶詰めなど、オルレアン島の加工食品は、ブランド物としてケベック州のレストランの調理人たちの評価が高い。また、個性的な店構えのアートギャ

05 フルーツスタンド。オルレアン島に住む人の陽気さと人なつっこさがただよってくる。

ラリー、クラフトショップでは、オルレアン島の風景をモチーフにしたケベックの作家たちの作品に出会える。

うす紅色のリンゴの花が青空に映え、紫のラベンダーの花が心地よい香りを漂わせる。牧草地は目にも鮮やかな若葉の緑から濃い緑色となり、トウモロコシは背丈ほどに成長していく。やがて穀物畑は黄金色となり、ブドウ畑、リンゴ畑には鈴なりの宝石のような実をつける。ハロウィン用のカボチャの山、サトウカエデの林の真っ赤に燃える紅葉、それぞれに美しい。そしてサトウカエデの樹液の働きが活発になる早春まで、この島は雪に埋もれる。四季折々の風が吹き渡るオルレアン島は、五感を刺激してやまない。

（友武栄理子）

06 オルレアン島の住宅。
07 オルレアン島のブドウ畑。後方に見えるのはセントローレンス川。

04

カナダ内陸部
毛皮交易とメイティ

カナダのシンボル、ビーバー

カナダを代表する動物は？と尋ねられて、想い浮かべるのは何だろうか。ムース（アメリカヘラジカ）にカリブー（トナカイ）、北極グマにグリズリーベア（ハイイログマ）、ルーン（アビ）にカナダガン……。豊かな自然を有するカナダだけに、あげればきりがないだろう。だが、カナダのシンボルとして公認されているのは、ビーバーとカナディアンホース（カナダで育種された馬。騎馬警官がさっそうと乗り回すあの馬である）で、それぞれ1975年と2002年に認定を受けている。

とくにビーバーは、植民地時代以前からカナダと深いかかわりをもつ歴史的動物であり、５セント硬貨に刻まれているほどである。大航海時代のヨーロッパ人が現在のカナダに関心を寄せたのは、まずは豊かなタラ漁場のある北大西洋沿岸であった。やがて「アジアに至る道」を探索するなかで、先住民との接触を通してカナダが毛皮の宝庫であることを知るにつれ、陸地側にも目を向けるようになった。とくにビーバーの毛皮は柔らかくて加工しやすいため珍重された。ヨーロッパの毛皮交易者は、良質のビーバーを求めて内陸の奥深くまで足を踏み入れていった。毛皮交易は活発化し、植民地が築かれ、カナダの版図が広がった。ビーバーは、初期カナダの経済発展の推進役だったのである。

01 連合カナダ植民地初の郵便切手に描かれたビーバー（1851年。出典：Library and Archives Canada, MIKAN no. 2184497）。

ヨーロッパでの毛皮ファッションの流行と毛皮交易

では、ヨーロッパ人はなぜカナダの毛皮に注目したのだろうか。当時、ヨーロッパの上流社会では、毛皮のファッションが流行していた。男性の場合、ビーバー・ハットは必須アイテムであった。だが、すでにヨーロッパでは毛皮獣は乱獲によってほぼ絶滅しており、毛皮業者はカナダの毛皮に飛びついた。毛皮交易は「おいしい商売」だった。毛皮業者は、交易相手のインディアンから、食器やナイフなどの日用品と引き換えに、毛皮を入手できた。しかも毛皮は軽量であるため、一度にたくさん船に積み込むことができ、膨大な利益があげられたからである。もっとも、インディアンも次第に「したたか」になっていた。彼らは、よりたくさんの日用品や銃器との交換を求めるようになったのである。

　毛皮交易が莫大な富をもたらすとあって、英仏両国は支援に乗り出した。たとえば、イギリスは、特許会社であるハドソン湾会社を設立した。同社は今なお存続している。「ザ・ベイ」の名で知られるカナダを代表するデパートである。アメリカ資本の傘下に入ったとはいえ、北米最古の企業であることには変わりない。デパート壁面に創業１６７０年の老舗《しにせ》を誇る銘鈑や広告が掲げられているのにお気づきだろうか。また、「ザ・ベイ」が販売する毛布類は、厳冬のカナダ・ライフにとって定番アイテムなのだが、これは毛皮交易の歴史と知恵から生まれたものである。

　大西洋交易というと、たいていは13植民地（アメリカ合衆国）やカリブ諸島の綿花やタバコを思い浮かべるのではなかろうか。しかし、その北方には毛皮の流通ルートがあったのである。大西洋だけではない。ラッコなどの毛皮交易は、アメリカ合衆国、ロシア、中国、さらには日本も巻き込んでいた。

02 ハドソン湾会社の歴史を示すザ・ベイ百貨店の広告（トロントにて）。

毛皮交易の落とし子、メイティの悲劇

ヨーロッパ人の毛皮交易業者は、内陸部に砦を築いた。彼らは、そこに毛皮を持ち込むインディアンと取引するだけでなく、自らもインディアンとともにカヌーを漕ぎ、毛皮獣を捕獲した。彼らにとってインディアンは、毛皮を収奪するための取引相手という一方的な関係ではなかった。地理に詳しく毛皮獣のありかを熟知している水先案内人として、厳しい気候のなかでのサヴァイヴァル術の指南役として、インディアンは大切なパートナーでもあった。たしかに、毛皮交易が、植民地建設や特許会社設立をうながすなど英仏の競争を刺激し、ヨーロッパ人とインディアンの間ばかりかインディアン同士の抗争を激化させた側面は否定できない。だが、その一方で、ヨーロッパ人の毛皮交易業者とインディアンの間に「優しい絆」が育まれてもいたのである。この「優しい絆」から生まれたのが、メイティであった。ヨーロッパ人とインディアンの「混血」である彼らは、毛皮交易での通訳にとどまらず、ヨーロッパとインディアンの双方の社会の橋渡し役を果たしていった。

しかし、19世紀に入ると、毛皮交易は衰退した。すでに支配者は、18世紀後半の英仏抗争の終結によってフランスからイギリスに代わり、イギリス系の支配下で内陸部の植民地化が進められていた。カナダは木材や穀物の供給市場となり、もはや毛皮は魅力を失っていた。毛皮獣自体、乱獲によって大幅に減少しており、とくにビーバーは絶滅寸

前であった。インディアンやメイティも、イギリス系支配層の目には、発展を妨げる存在と映っていった。こうして「優しい絆」は断ち切られ、やがて悲劇を生むのだが、以下では、特筆すべき2つの事件について述べておこう。レッド・リヴァー蜂起（1869〜70年）とノースウェスト反乱（1885年）である。

1867年の連邦結成（コンフェデレーション）によって、東部四州からなる「ドミニオン・オブ・カナダ」が誕生した。この後まもなく、連邦政府は、西部への版図を広げるため、ハドソン湾会社領内にあるレッド・リヴァー植民地を連邦に編入しようと交渉を進めた。同植民地にはインディアンやメイティが住んでいたが、交渉は彼らの頭越しに行われたのである。自治を求める彼らの訴えは聞き入れられず、ついに武装蜂起した。その指導者は、フランス系とインディアンの「混血」であるメイティのルイ・リエルであった。リエルらは臨時政府を樹立し、イギリス系入植者やその支持者を処刑した。だが、ただちに連邦政府のカナダ兵と駐留イギリス兵の混成部隊がレッド・リヴァー植民地に送られたため、リエルはアメリカ

03 ルイ・リエル（1844〜85。出典：Library and Archives Canada, MIKAN no. 3531914）。

04 カナダ連邦によるバトーシェの占拠（ノースウェスト反乱の終結、1885年。出典：Library and Archives Canada, MIKAN no. 2837525）。

合衆国に逃亡し、蜂起は終息した。１８７０年、レッド・リヴァー植民地は、マニトバ州として連邦に編入された。

ことはレッド・リヴァー蜂起で終わらなかった。連邦政府は、「ドミニオン・オブ・カナダ」のモットーである「海から海へ」を実現させるべく、大陸横断鉄道建設を進めていた。他方、先述のインディアンやメイティは現在のサスカチュワン州の不毛の地に追いやられており、彼らの不満は募っていた。秘密裡に戻ってきていたリエルを指導者として臨時政府を樹立し、再び武装蜂起を決行した。反乱は、連邦政府が派遣したノースウェスト騎馬警察（のちのカナダ連邦騎馬警察）によって鎮圧された。連邦政府は、完成間近の大陸横断鉄道を使って鎮圧部隊を急派できたのだった。このことは、大陸横断鉄道が、経済発展ばかりか治安維持でも有益であることを証明することになった。リエルは裁判にかけられ、処刑された。処刑されたのは、大陸横断鉄道が完成した９日後であった。これは、国家的プロジェクトがインディアンやメイティを排除して進められたことを示す象徴的な出来事ではなかろうか。

先住民メイティの復権

１９８２年は、メイティの復権の年となった。「１９８２年憲法」において、メイティは、インディアン、イヌイットと並ぶ、別個の先住民であることが謳《うた》われたのである。「混血」はそのルーツのどちらかに分類されるのが一般的だが、独自の集団として「混血」の存在が認められたのは、世界的に見ても画期的だった。これはカナダの多民族共存への試みの成果であり、「忘れ去られた民族」の存在がようやく見直されたのである。

20数年前、私は、サスカチュワン州都リジャイナでリエル裁判の法廷劇を観た。ノースウェスト反乱の首謀者として捕えられ、イギリス系の追及にひるむことなく自己の立場を主張し、死刑宣告にも動じなかったリエルを描いていた。幕が下り、満場の拍手のなか、リエル役の男性が客席に挨拶した。受付の女性が私のもとに駆け寄ってきて、「リエルと一緒に写真を撮ってあげる」と言ってくれた。その言葉にうながされ、私は写真におさまった。帰り際、彼女は「リエルは私たちの誇りよ」と言って『私はリエルの裁判を観た』と書かれたステッカーをくれた。新装なった劇場の柿落《こけらお》とし当日であり、彼女はその成功に興奮して発したのだろうが、その言葉は重く響いた。以前なら、リエルはカナダの反逆者であり、彼を題材にすることなどあり得なかったからである。

リエルもまた、復権していたのだ。

カナダ内陸部には、19世紀末以降、ヨーロッパからの移民が数多く到来した。毛皮交易を介した大西洋や太平洋とのつながり、移民の到来など、カナダ内陸部の歴史は内陸という閉じた空間で展開したのではない。内陸部への旅は、グローバル世界にいざなう深遠な旅なのである。

（細川道久）

05

「最後の最良の西部」カナダ平原地域《プレーリー》を旅する

プレーリーの典型的風景

プレーリーは、カナダ人の多くにも、「平らで単調で退屈な場所」と映るらしい。退屈かどうかはともかく、相対的に平坦なのは間違いない。もちろん、大きな河川が作り出す渓谷もあれば、アルバータ州立恐竜公園やドラムへラー周辺などの起伏に富んだ独特な地勢もある。湖や沼も多い。しかし、さえぎるものの少ない広い空の下に、小麦やキャノーラ（菜の花）の畑がどこまでも続き、あるいは、牛がのんびりと草を食む広大な牧場で、ときどきカウボーイやカウガールが作業をしているのが、プレーリー農村部

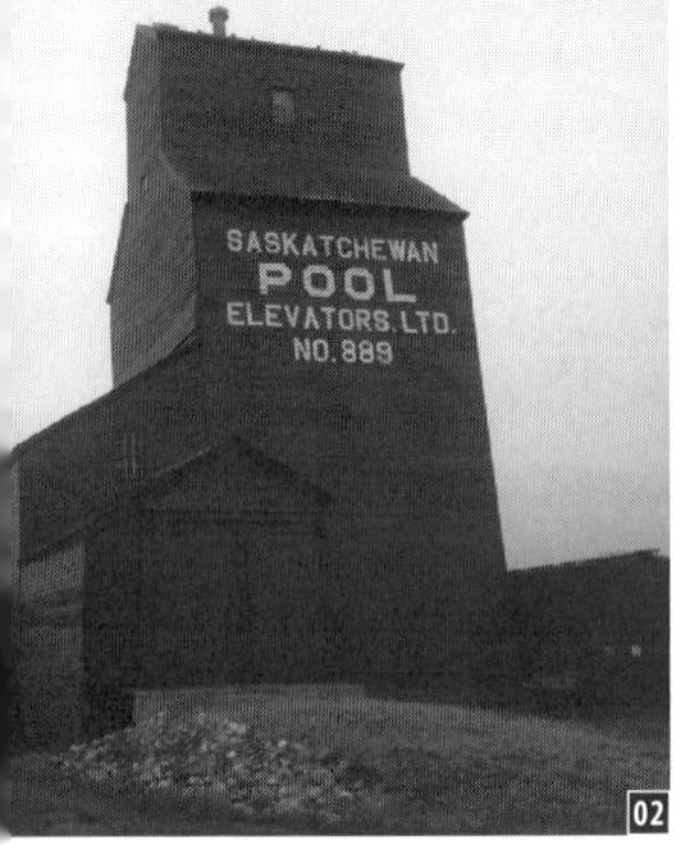

の典型的な光景なのだ。

小麦などを集積して貨車に積み込む「穀物エレベーター」も、干し草を巻いてまとめる「ベイラー」も、プレーリーの原風景に織り込まれている。金属製の巨大ムカデのような機械が、水道管とつながった中心点を軸に、ゆっくりと弧を描きながら畑に散水する様子（センター・ピボット灌漑）もあちこちで見られる。原油が採れるアルバータ州では、それらに混じって、石油の掘削機械（オイル・リグ）が点在し、その金槌のようなアームをゆっくりと上下させている。私たちが目にするプレーリーの風景は、まさに農業と天然資源の発掘によって生み出された。しかし、この地域で農業や資源開発が始まったのは、さほど昔の話ではない。そもそも、ヨーロッパ人到来の以前にこの地に暮らした先住民の多くは、バッファローの群れを追いつつ移動型の生活を営んでいた。白人たちも、到来当初は毛皮交易こそが重要な関心事であった。

01 アルバータ州南部の農村風景。広大なキャノーラ（菜の花）畑の向こうにオイル・リグ（石油掘削機）が見える（撮影：猪原光）。

02 サスカチュワン州ノース・バトルフォードの穀物エレベーター。

農業以前――「黄色い頭」の道、パリサー西部探検隊

アルバータ州エドモントンで過ごしていたある日、イエロー・ヘッドという名の由来を日本人の友人から尋ねられた。この名前が気になる理由は、自動車を運転する人にはすぐわかるはずだ。プレーリーを貫いてブリティッシュ・コロンビア州に続く国道16号が、「イエロー・ヘッド・トレイル」と名づけられ、国道標識にはのっぺらぼうの黄色い横顔が描かれていて印象的なのだ。本来、黄色く塗られるべきなのは毛髪だけである。それは、フランス語で「テト・ジョーン（黄色頭）」とあだ名された金髪の混血先住民（メイティ）が往来した道であった。彼の名は、ピエール・ボストネ。猟師であり探検家、そして交易人だった。

彼が活躍した頃、プレーリー地域は、毛皮交易を行うハドソン湾会社の領土であり、ルパーツランドと呼ばれていた。先住民同士の争いでボストネが命を落とした１８２８年も、そこはいまだに探検と毛皮交易の時代にあった。すでにカナダ東部では、植民地の近代化が進行していた時期である。

19世紀の半ばを過ぎても、そうした状況にはあまり変化がなかった。１８５７年に始まったジョン・パリサーらのプレーリー探検調査が、鉄道ルートの策定と合わせて、「新種植物の発見」を目的としたのは、なんとも象徴的である。東部植民地ではドミニオン・オブ・カナダの生成に向けた準備が進んでいた頃、プレーリーはいまだ「未開」

の辺境にすぎず、集団移住の対象地ですらなかった。同じカナダでも、東西ではまったく違う時間が流れていたのだ。

寒さと乾燥との戦い

パリサーらの探検隊の調査を、プレーリー植民計画の第一歩とみなすこともできる。しかし、彼自身は、プレーリーをそれほど重視していなかった。現在のアルバータ州とサスカチュワン州の南部に広がる、いわゆる「パリサー・トライアングル」地域を、彼は農耕に適さない不毛の地と判断した。土壌が肥沃とはいえ、寒冷で乾燥した土地柄だったせいである。

彼の見方が必ずしも不当だったわけではない。実際にその地がカナダを代表する農業地域となり、多くの移民を受け入れられたのは、１８８０年代にアメリカ合衆国から移住したモルモン教徒がもたらした灌漑技術があってこそだった。マーキス種など、寒冷地に強い小麦の開発も必須だった。また、１８８５年に大陸横断鉄道が開通し、移民たちの足と穀物輸送の手段が確保された点も同様に重要だった。プレーリー移住は、科学技術の進歩が人間の生活圏を広げた事例の一つだったともいえよう。

そして、20世紀に入ってカナダ平原地域は、世界の穀倉地帯となった。農業がこの地の風景を徐々に変えていった。しかし、このトライアングル地域に移住した農民とその子孫が、21世紀の現在に至るまで、寒波や暴風雪、河川の氾濫や旱魃《かんばつ》にしばしば苦しめられてきたことを考えれば、パリサーの判断が正しかったのかもしれない。とくに、世界大恐慌と同じ時期に何年も続いた旱魃は、プレーリーの農民に大打撃を与えた。被害がもっとも大きかったサスカチュワン州では、彼らの多くが土地をあきらめて、他国や他州へと移り住んだ。

だが、19世紀末から20世紀初頭の移民たちには、そんな未来を予想などできなかった。新天地での豊かな生活を信じて、彼らはプレーリーを生活の場に選んだ。

「最後の最良の西部」

カナダ連邦政府は、1869年にルパーツランドを購入し、その後、「インディアン条約」で、先住民から徐々に土地を買い取った。正面衝突は避けながら、しかし徐々に、彼らを従属的な地位へと追いやった。これと並行して、移民を誘致したい政府は、アメリカ合衆国のホームステッド法にならって1872年にドミニオン土地法を制定した。それは、わずかな登記料を払えば、移民たちに160エーカー（0・65平方キロ）の土地を無償提供する法律だった。3年以内に家を建てて一定の土地を開墾する条件で、広大な土地を無料で提供したのである。さらに、たとえば、平和主義者として知られるロシアのドイツ語系メノー派の人々を、兵役免除の特権を認めてマニトバに集団移住させるなど、民族・宗教集団毎のコロニー建設をうながした。そのような政策は開拓初期に限られたが、結果としてプレーリーでは、エスニック集団別の集落が、農村部にパッチ

03 アルバータ州ヴェグレヴィルの巨大ピサンカ（イースターエッグ）。ピサンカはウクライナ系のシンボル。

ワーク状に広がった。しかし、こうした連邦政府の招致策も、なかなか移民の呼び水とはならなかった。

19世紀から20世紀の世紀転換期になって、カナダ東部、ヨーロッパ、そしてアメリカ合衆国から、ようやく多くの移民がプレーリーに流れ始めた。それは、先に述べた品種改良等の技術革新だけのおかげではない。アメリカ合衆国の西部開発が進み、フロンティアが「消滅」したのも重要な引き金となった。連邦政府は、カナディアン・プレーリーが「最後の最良の西部」になったと大いに宣伝した。

また、連邦自由党政府のクリフォード・シフトン内務相が移民の門戸を広げたことも、流入の重要な促進剤となった。彼は、寒冷地での農業に耐えうる、そして大家族を形成してくれる屈強な農民の誘致に力を入れたのだ。世紀転換期と前後して、カナダ平原州は東部よりもはるかに民族的に多様化した社会になっていた。すでに１９３１年の段階で、プレーリーには、オンタリオ以東とは異なる多民族社会が出現していた。そこでは、イギリス系移民は人口比で全国平均並みだったが、フランス系はきわめて少なく、ドイツ系、ウクライナ系、スカンジナヴィア系、ポーランド系などの割合が全国平均を上回っていた。プレーリーの農地の多くは、彼ら非英仏ヨーロッパ系の手で開墾されたのである。

プレーリーの歴史の旅

ヨーロッパよりも歴史の浅い北米にあって、カナディアン・プレーリーは、歴史がさらに短い地域である。しかし、その魅力は、壮大な美しい自然ばかりではない。平原州を旅すれば、この寒冷の地に成功を夢見て到来し、苦労しながら土地を開墾した移民たちが生活した跡を、至るところに見つけることができる。

飛行機の窓からアルバータ州の大地を見下ろすと、眼下には、田んぼの田の字にきれいに区画された農地が広がる。それ自体が、入植地を人工的に区割りしたホームステッドの歴史の名残りである。その他、エキゾチックな教会や建造物も、民族色豊かなモニュメントも、あるいはお祭りも、農民の歩んだ歴史を想起させてくれる。プレーリーの歴史の重みと面白みは、民族色豊かな農村にこそ見出すことができるのだ。

（田中俊弘）

06

アッパー・カナダ

イギリスとアメリカの狭間《はざま》で

現在カナダでもっとも人口が多く工業化されているオンタリオ州は、首都オタワ、カナダ最大の都市トロント、カナダ観光の目玉の一つ、ナイアガラの滝があり、ケベック州とあわせて、中央カナダといわれる。しかし、オンタリオ州の前身は、18世紀末に誕生した小さな植民地、アッパー・カナダにさかのぼる。19世紀頃のこの植民地の街並みや暮らしを体験できるのは、キングストン近くにあるアッパー・カナダ・ヴィレッジであろう。やや郊外にあるこの歴史村を訪れることが難しい場合には、トロントの中心部でも、アッパー・カナダをしのばせる場所がある。ここではそのいくつかに触れつつ、アッパー・カナダの時代を旅してみよう。

アッパー・カナダ誕生

18世紀末、主に先住民が居住していた現在のオンタリオ州南部に、まとまった白人が入植したのは、実はアメリカが独立したためであった。1783年、アメリカ独立戦争でイギリス側についた王党派《ロイヤリスツ》のうち、約1万人の王党派連隊とその家族がこの地に移住してきたのだ。主に農民だったこの地域の王党派は、無償の土地を与えられ、これを開墾した。さらに、この土地を目当てに多くのアメリカ人がやってきた。このため英語系人口が増加したので、1791年には、旧フランス領のケベック植民地は、セントローレンス川の上流と下流で、アッパー・カナダ植民地と、フランス系中心のロワー・カナダ植民地の2つに分割された。

アッパー・カナダ植民地初代副総督ジョン・G・シムコーは、この新しい植民地を「イギリスの写し」にしようと、イギリスの諸制度を導入した。彼は、当時の中心地キングストンではなく、アメリカからの攻撃を受けにくいとして、ニューアーク（今日のナイアガラ・オン・ザ・レイク）を首都として選んだ。1793年には、さらにアメリカから離れたヨークに首都を移した。それが今日のトロントである。また彼は、アメリカとの戦いに備えて、オンタリオ湖岸のヨーク砦とともに、ヨークから北のシムコー湖へ向かう軍用道路、ヤング通りを建設した。今日では土産物店などが軒を連ねる、にぎやかなわりに道幅が狭いこの通りを、かつてアッパー・カナダの人々が馬車や徒歩で往来したのだろう。

対米戦争に備えていたシムコーは、一方で、「アメリカ移民奨励宣言」を出した。当時、植民地の「イギリス化」に必要なほどの本国イギリスからの移民は期待できなかったので、少し前まで「英国臣民」であった隣国アメリカからの移住者を、現実的かつ積極的に受け入れたのだ。これによって、1812年戦争の直前には、王党派はアッパー・カナダ人口全体の2割程度になり、残りはほとんど土地目当てにやってきたアメリカからの移民が占めることになった。

英米の軋轢《あつれき》のなかで——1812年戦争

1812年戦争とは、別名第二次アメリカ独立戦争ともいわれ、イギリスとアメリカの間の戦いである、というのが一般的な認識である。しかし、実はこの戦争で戦場となったのはほとんど今日のカナダ領内、とくにアッパー・カナダであった。

トマス・ジェファソン元大統領の言葉「アッパー・カナダは熟れた果実で、手を伸ばしていれば落ちてくる」に象徴されるように、人口のほとんどがアメリカ人であったため、アメリカは、戦争が起こったらそこは簡単にアメリカ側に寝返ると踏んでいた。しかし、実際にはそうはならなかった。カナダでは、数少ないイギリス軍とアッパー・カナダの民兵が、アメリカ軍から植民地を守ったとして、アッパー・カナダ人の英雄的行為がしばしば賛美されている。また、イギリス軍指揮官アイザック・ブロック少将は、早期の勝利を収めてアッパー・カナダの危機を救った英雄として、彼が戦死したナイアガラの滝近くのクインストンハイツに、戦後すぐに記念碑が建てられた。そこからさして遠くないところには、32キロも離れたイギリス軍に、アメリカ軍による急襲の危機を伝えたこの戦争のヒロイン、ローラ・シコードの記念館もあり、当時の様子が再現されている。なお、「ローラ・シコード」は、今日ではチョコレート・ショップのブランドとして知られている。

しかし、実際のところ、住民の大半は、自分たちの出身地であるアメリカと、現在居住しているアッパー・カナダおよびその母国イギリスとの間の戦いに、できるだけかかわらないようにしていた。彼らの多くが、民兵隊長が招集をかけても集まらず、なにかと理由をつけて武器を取って戦うのを避け、この戦争が早く終わってほしいと願っていた。アッパー・カナダの人々は極力中立であろうとしていた、というのが実情である。

「外国人問題」――アメリカ人移民の身分をめぐって

戦前から、アッパー・カナダ支配層は、アメリカ系人口の増加を危惧していた。戦後まもなく、再びアメリカからの移民が流入し始めると、植民地がアメリカ化されることを懸念した支配層は、アメリカ系の植民地住民の参政権の制限を試みた。それが「外国人問題」である。

きっかけは、1810年にアッパー・カナダに移住してきたアメリカ出身のバーナバ

ス・ビドウェル、続いてマーシャル・ビドウェル親子が、補欠選挙に出馬したことだった。彼らは、１７８３年のイギリスのアメリカ合衆国承認以降に移住してきた「アメリカ人、すなわち外国人《エイリアン》であるから資格がない」とされたのだ。しかし、この見解を厳格に当てはめると、王党派を含むアッパー・カナダの有権者のほとんどがそれに該当してしまう。１８１２年戦争で勇敢に戦った者でさえ参政権を剥奪されかねない事態となった。

そこで、支配層に対抗した改革派は次のように主張した。１７８３年以降に移住してきたアメリカ人も、アッパー・カナダでの定住の過程で忠誠な英国臣民になりうる、また、イギリスのコモンローに照らせば、英国臣民は自らその身分を剥奪できない、と。結局、１８２８年、この改革派の主張が通って、アメリカ系住民を、これまでどおり英国臣民と

01 リドー運河と議会（オタワ）。リドー運河は１８１２年戦争後、アメリカ側からの脅威を避ける目的で、キングストンまでを結ぶ輸送ルートとして造られた（１８３２年完成）。現在その面影はなく、夏には観光船が航行し、冬には水面が凍って世界一長い天然スケート場となる（撮影：竹中豊）。

して扱う帰化法が制定された。つまり、それまでと同じように参政権を行使できることになったのだ。

この問題は、議会にとどまらず、植民地住民の間でも大論争となった。改革派は各地で集会を開き、自分たちの主張を唱え、本国に訴えるため請願への署名運動を行った。住民の多くがこれらの集会に集まり、署名は1万4000名も集まったといわれる。また、当時のアッパー・カナダ住民の識字率は比較的高かったといわれ、新聞も広く読まれていた。さまざまな新聞が、議会での議論はもちろん、集会開催の通知や実際の集会の様子など、こと細かく報じていた。

なかでも、1820年にスコットランドから移住したウィリアム・ライオン・マッケンジー（1795～1861）は、4年後に『コロニアル・アドヴォケイト』紙を創刊し、過激な表現で支配層やそれを支持する保守派への批判を繰り返し、たびたびこの問題についても報じていた。帰化法制定を報じた同紙の記事によると、ヨークの多くの家々はイルミネーションで飾られ、通りは見物人で混雑し、国歌が演奏されるなど、町中が祝賀ムードに包まれた。当時、有権者は男性のみだったが、大半の住民の身分にかかわることだったので、男女問わず関心の高い問題だったことがうかがえる。

多くの住民に支持された改革派は1828年の議会選挙で初めて多数派となり、M・ビドウェルが初の改革派議長となった。また、マッケンジーも初めて議員に選出された。

１８３０年代――保守派の巻き返しとマッケンジーの反乱

マッケンジーは１８３４年に初代のトロント市長に選ばれるほど、住民に絶大な人気があったが、それだけに保守派からも強烈な攻撃を受けた。彼の新聞社の印刷機がオンタリオ湖に投げ捨てられたり、５度も議員除名されたり、身の危険にさらされたこともあった。

さらに、１８３６年に着任したフランシス・ボンド・ヘッド副総督は、ビドウェルやマッケンジーらを嫌い、彼らを「共和主義者《リパブリカン》」と呼んだ。これは、改革派をアメリカ的と示唆し、ひいてはイギリスに対して不忠な者と言っているのと同然であった。改革派は、植民地議会のイギリス本国議会と同様の権利を主張し、必ずしもアメリカ的とはいえなかったが、ヘッドによる「不忠者」のレッテル貼りは改革派にとって致命的であった。「ミスター・ビドウェルと彼の党」は１８３６年の選挙で大敗し、ビドウェルもマッケンジーも落選してしまった。

ここへきてマッケンジーは、植民地の政治体制をアメリカ的な政治制度に変革すべきと主張し、また武力もやむなしと考えた。おりしも、ロワー・カナダで、１８３７年秋にジョセフ・パピノー率いる反乱が起こった。これに呼応するように、同年12月、アッパー・カナダでも反乱が起こった。しかし、植民地住民の大半は、アメリカ的な政治制度を支持せず、また武力への訴えも支持しなかった。反乱はただちに鎮圧され、マッケンジーはアメリカへ亡命した。ビドウェルは、この反乱とはまったく関わりがなかった。にもかかわらず、ヘッドに関与を疑われ、結局アメリカへ渡った。

マッケンジーは1850年に恩赦でアッパー・カナダに戻り、彼の支援者が用意してくれたトロントのボンド通りの家で生涯を終えた。この家は、彼の孫で、のちにカナダ首相となったウィリアム・ライオン・マッケンジー・キングのおかげで打ち壊しをまぬがれ、今日「マッケンジー・ハウス」として往時の姿を残している。しかし、ビドウェルは、改革派の友人からたびたびアッパー・カナダへの帰国を求められたにもかかわらず、戻らなかった。彼はアメリカでは政治活動はせず、終生弁護士として過ごした。

漸進的変革を求めて

1828年の改革派の勝利が、かえって1830年代の保守派の巻き返しを生んだのは皮肉であったが、それを援護するかたちになったのは、1820年代に始まり、1830年代には本格的に、イギリスからの移民がアッパー・カナダに流入したことによる。それまで主にアメリカからの移民で構成されていたアッパー・カナダの人口が、大量のイギリスからの移民の流入で、植民地内の英米の軋轢《あつれき》を生み、それが1837年の反乱というかたちで一つのピークを迎えたといえる。

アッパー・カナダの住民の大半は、もとはアメリカ出身であれ、イギリス出身であれ、イギリスとの絆を断ち切るつもりはなかった。とはいえ、議会の権限が制限された当時の植民地統治体制にまったく不満がなかったわけではない。しかし、体制を変革するために、アメリカのような「革命」といった武力を用いるやり方ではなく、別のやり方を模索したのが、アッパー・カナダ、ひいてはカナダであるといえる。ロワー・カナダ、アッパー・カナダでの反乱を受け、再度一つに統合された連合カナダ植民地では、旧アッパー・カナダ、旧ロワー・カナダの改革派が協力する体制を作った。つまり、イギリス系とフランス系が協力して、植民地の自治＝責任政府を勝ち取り、やがてはコンフェデレーション、ドミニオン・オブ・カナダ誕生へと向かう布石となった。

マッケンジーの反乱は失敗に終わった。しかし、植民地住民に自分たちの求める道筋、つまり、武力で解決するのではなく、漸進的に物事を進めるやり方、また、イギリスの植民地体制そのままではなく、かといってアメリカ的な体制でもない、カナダ独自の体制を構築する道筋を作ったといえよう。アッパー・カナダの時代は、のちのカナダの揺籃期にあたるのである。

（木野淳子）

07

イギリス領北米

イギリス帝国とカナダ

イギリス帝国の遺産

カナダとアメリカ合衆国は、かなり似通っているように見える。両国は、歴史的に共有する点が多いばかりか、アメリカ合衆国のカナダへの影響が多方面に及んでいるからである。けれども、フランス語圏に踏み入れれば、やはりカナダはアメリカ合衆国とは違うと実感するだろう。では、英語圏ではどうだろうか。都市部にせよ、田園部にせよ、かなり似た印象をもつかもしれない。だが、たとえば、オタワでゴシック・リバイバル様式の連邦議事堂（イギリスと同じくParliamentという）やその前庭で行進する衛兵を見たり、

01

02

カナダ各地で「ロイヤル（royal）」の語を冠した建物や、「センター（centre）」といったイギリス式の綴りを目にすれば、カナダがアメリカ合衆国よりイギリス色が濃いことに気づくだろう。カナダは、エリザベス２世を元首とするイギリス型政治制度をもつ立憲君主国家である。たしかに、多様な移民の流入やアメリカ文化の影響によってカナダ社会

01 オタワ川の対岸から見たカナダ連邦議事堂。中央の議会図書館のみが焼失を免れ、建築当時の姿を残している（撮影：竹中豊）。

02 連邦議事堂前庭を行進する衛兵。

は多色化しており、そのなかにイギリス色を見出すのは難しくなっている。だが、依然としてそれは基本色なのである。

アメリカ独立戦争が生んだ双子

アメリカ合衆国も、もとはといえば、イギリスの植民地であった。北米に約30あったうちの13の植民地が、独立戦争を起こし、王政を否定し共和国アメリカ合衆国を樹立したのである。このとき、カナダ側のイギリス植民地は、13植民地からの再三の誘いを断ってイギリス帝国にとどまった。当時カナダ側の住民の多数はフランス系であり、彼らは自分たちの権利を擁護してくれるイギリス側につくことを選んだのである。さらにアメリカ独立戦争では、独立に反対あるいは中立な「王党派《ロイヤリスツ》」と呼ばれる人々がカナダ側に逃亡した。彼らの到来によって、イギリス植民地としての基盤が築かれた。アメリカ独立戦争は、アメリカ合衆国ばかりか、イギリス系カナダの礎《いしずえ》も創ったのである。

アメリカ独立戦争でアメリカ合衆国と袂《たもと》を分かったカナダは、イギリスの植民地としてイギリス帝国を支えていった。といっても、カナダ住民の多数は依然フランス系であった。イギリス系が多数派となるのは、19世紀に入ってからである。イギリス諸島からの移民が、カナダ産の木材をイギリスに運んだ帰りの船に乗ってカナダにやってきたのである。当初はアイルランド移民が多かったが、19世紀後半にはイングランド、ウェールズ、スコットランドの移民が増えてきた。彼らの到来によって、カナダの安定的発展が可能になったのである。

スコットランド移民とアイルランド移民

植民地住民が増えるにしたがい、カナダは本国に対して自治を求めるようになった。当初は、守旧的なイギリス総督らに拒まれ、１８３７年には反乱が起きたが、１８４０年代になって本国の政治・経済が安定すると、カナダにも内政自治が与えられた。１８６７年には、連邦結成《コンフェデレーション》によって、３つの植民地がオタワの連邦政府の下に統合し、「ドミニオン・オブ・カナダ」という連邦体が結成された。植民地が一つにまとまることで、アメリカ合衆国の脅威を防ぎ、同時に安定的なカナダの発展が可能になることが、本国、カナダの双方から期待されたのである。

連邦結成に至るカナダの発展にもっとも関与したのは、スコットランド移民であった。たとえば、「家族盟約（ファミリー・コンパクト）」と呼ばれる守旧派のドンで、イギリス国教会トロント主教を務め、トロント大学の前身のキングズ・カレッジを創設するなど教育界でも重鎮だったジョン・ストローン、１８３７年の反乱の指導者で、初代トロント市長でもあったＷ・Ｌ・マッケンジー、連邦政府初代首相となったＪ・Ａ・マクドナルド――いずれもスコットランド移民である。マクドナルドのほか、「ドミニオン・オブ・カナダ」創設にかかわった「連邦結成の父祖たち」の大半がスコットランド移民であったし、彼らは20世紀半ばまで連邦議会下院でももっとも多くを占めていた。英語圏のカナダの書店の棚には、『カナダを創ったスコットランド人』といったスコットランド移民の活躍を熱く語る書物が多く並んでいるのにお気づきだろうか。本国ではイングランドに対し従属的な立場に置かれていたスコットランドの人々は、海外に出ることで活躍の場を見出していた。彼らにとって、カナダは新天地だったのである。

スコットランド移民に劣らず、アイルランド移民もカナダに新天地を求めていた。彼らの活躍は、法律・医学・測量技術などの分野で際立っていた。アイルランド移民というと、1840年代半ばの「ジャガイモ飢饉」で北米に渡った貧困者のイメージが強いかもしれない。だが、カナダにやってきたアイルランド移民には豊かな農民層が多く、貧困者が少なかったたし、カトリックよりもプロテスタントが多かった。たしかに「ジャガイモ飢饉」ではアイルランド移民が急増したが、アメリカ合衆国と異なり、その影響は短期間に抑えられた。ここにも加米の違いが表れているのである。

カナダに渡ったアイルランド移民プロテスタントは、民族的枠組みを越えて他のプロテスタントとの結びつきを強めた。たとえば、イギリスとの結束支持とプロテスタント優位を唱えるオレンジ会は、アイルランドのアルスターで誕生したアイルランド人の結社であったが、カナダでは、イングランド、ウェールズ、スコットランドの移民のほか、ドイツ系や先住民のプロテスタントまでも取り込んでいた。こうしてカナダ移民社会では、アメリカ合衆国とカトリックのフランス系カナダという「他者」に対抗して、イギリス帝国とプロテスタンティズムを擁護するイギリス色の濃い風土が培われた。それはカナダを「イギリス帝国の忠誠な長女」へと育て上げていった。

イギリス帝国の忠誠な長女

19世紀末からイギリスがかかわった戦争（南アフリカ戦争や第一次世界大戦）では、カナダはフランス系の反対を押し切り、積極的に本国を支援した。それは「忠誠な長女」の成長ぶりを本国に認めてもらうためであった。戦争貢献を足がかりに、イギリス帝国内での発言力を高めると同時に、本国の力を借りずアメリカ合衆国と交渉できるような自立を望んでいたのである。カナダは、南アフリカやオーストラリアなど他の自治領とともに本国と協議を重ねた。その結果、本国と自治領が「平等な地位を有し、内政・外交のあらゆる面で他に従属しない」「王冠（国王）への共通の忠誠によって結ばれたイギリス帝国内の自立的なコミュニティ」であるブリティッシュ・コモンウェルス体制が成立した（バルフォア報告〈1926年〉、ウェストミンスター憲章〈1931年〉）。自治領が本国に従属する帝国体制に代わって、少なくとも形式上は本国と自治領は対等な関係になったのである。その協議の過程でカナダは、急進的な南アフリカをなだめるなど、「帝国の長女」としての存在感を示した。

他方で、第一次世界大戦後のカナダは、アメリカ合衆国の影響を強く受け始めた。第二次世界大戦期に入ると、共同防衛など加米の協力関係が進み、両国は急速に接近した。しかし、これはカナダのイギリス帝国離れを意味しなかった。カナダは、北米の国家としてアメリカ合衆国と対等に渡り合うとともに、力の低下しつつあるイギリスを支えようとした。「長女」カナダは成熟していたのである。そして今日、カナダはさらに円熟度を増しつつある。イギリスに追従することもなく、イギリスを疎《うと》んずることもない。同じ国王を国家元首に戴《いただ》き、コモンウェルスというクラブに籍を置きつつ、国際連合など種々の国際舞台で独自に活動している。カナダは「円熟した大人」になったのである。

03 1982年憲法に署名するエリザベス2世（出典：Library and Archives Canada, MIKAN no. 3205977）。

カナダはいつ独立したのか？

「イギリス帝国の忠誠な長女」が「円熟した大人」に変身するまでの道のりは実にゆるやかであった。独立戦争でイギリス帝国から離脱したアメリカ合衆国と比べれば、その違いは歴然だろう。それだけに、カナダの成長の足取りを跡づけることはきわめて難しい。

いったいカナダはいつ独立したのだろうか。その答えは一つではない。例をあげよう。1867年の連邦結成によって成立した「ドミニオン・オブ・カナダ」は、将来の大陸横断国家への発展の礎を敷いた連合体であったが、それは、あくまでも内政自治を備えた植民地であり、外交交渉権のない半独立国家であった。

しかも、「ドミニオン・オブ・カナダ」の憲法にあたる英領北アメリカ法はイギリス議会制定法であり、改廃権が完全にカナダに移されたのは１９８２年のことであった。

カナダのゆるやかな成長の歩みは、寒冷な気候にもアメリカ合衆国の圧力にも屈することなく、粘り強く、しかし淡々と生きていくカナダ人の姿と重なるのではなかろうか。

（細川道久）

第2部

「大陸国家カナダ」を旅する

08

ヴァンクーヴァー
太平洋に開かれたまち

「これまでわれわれは一歩も引かなかったし、これからもたじろぐものか。ヒトラーがわれわれの首根っこをつかんで放り出さなければ。でもそうなったら、われわれはきっとカナダへ行くだろう。……で、カナダへ行くならヴァンクーヴァーだ。」

（ジョージ・バーナード・ショウ――パールハーバー攻撃前の第二次世界大戦中に友人に出した絵葉書より）

日本人移民のこと

明治32年（1899）秋、アメリカ合衆国のフィラデルフィアにおいて、万国商業大会が開催された際に、横浜および東京の商業会議所の代表団に加わって渡航した横浜の実業家・大谷嘉兵衛氏の手記に、こんなくだりがある。

午前四時過ぎ、ヴィクトリアの検疫所桟橋に着す。検疫は上等船客に対しては只儀式的健康の有無を取り調ぶるに止まりと雖《いえど》も、下等客は悉《ことごと》く消毒所に行かしめ、其携帯荷物と共に蒸気室に入れ厳重なる消毒法を施行す。本船には支那人移民百四五十、本邦移民三四十許《ばかり》を搭載す。今此等の移民が桟橋に上陸するの有様を見るに、本邦人は概して服装等も区々にして殊に婦人は尤《もっと》も不体裁を極めたり。近者、加那太ヴィクトリア州において日本労働者排斥の議あり、幸いに実効せられざりしと雖も、移民会社たるもの茲《ここ》に鑑みて概観の体裁についても相当の注意を与へ、若《も》しくは保護せざるに於いては、一見外人の為に嫌悪の情を起こさしむることなしとせず。当局者の注意を乞はんと欲する所なり。

代表団はカナダ郵船会社の客船エンプレス・オブ・インディア号に乗船し、9月10日横浜港を出港、10日間をかけてヴィクトリアに到着したが、日本人移民の「不体裁」はよほど悪印象を与えたのであろう。この年、カナダへ移民した日系人は合計1726名となっており、移民第1号の永野萬蔵がカナダの地を踏んで20年、ブリティッシュ・コ

ロンビア州がカナダ連邦に加入してから20年以上を経た頃の入国風景であったものの、このような棄民同様の格好であったことを知ると愕然とする。時は移り、21世紀になるとカナダにおける日本人の移民数は2万人強、そのうちヴァンクーヴァーには約半数の1万人強が暮らしており、２００1年の外務省データでは、アメリカ合衆国とブラジルに次ぎ、カナダは日本人移民数が3番目に多い国となっている。

不動産事情

現在、成田空港を定期航空便でヴァンクーヴァーへ向けて出発すると、たいてい夕刻に飛び立ち、向こうには同日の午前に着く。この空港は現在年間約１７００万人が出入りするが、２０３０年には３５００万人に達すると予測されている。飛行時間は9時間弱だ。東部へ直行する場合は国内線に乗り換えてその日の夕刻にトロントやモントリオールに着くのだが、ヴァンクーヴァーで夕食の約束でもあると、昼前にホテルにチェックインして、軽い昼食を済ませ、ロブソン・ストリートあたりの土産物屋を冷やかしたり、クイーン・エリザベス公園やスタンレー・パーク、それに往時、田中角栄首

01 クイーン・エリザベス公園から見たヴァンクーヴァーの市街（撮影：友武栄理子）。

相が好んでプレーしたといわれるカピラノ・カントリークラブあたりまで足を伸ばして時間をつぶすのが定番なのだ。

しかしあるとき別の考えが浮かんだ。不動産業者の協会に電話して、「住宅物件を探しているのだが、誰か今空いている業者さんを紹介してもらえないだろうか。こちらの名前は何々で今○○ホテルの何号室にいるのだが」と言うと、半時間もたたないうちに業者が現れて、あちこち案内してくれる。ウェスト・ヴァンクーヴァーからニュー・ウェストミンスター、それに東のバーナビーあたりまで連れて行ってくれるのだ。これが観光バスのツアーよりも興味深く、地図を片手によく観察すると、どの地域にどんな人種・職業の人が住んでいるとか、3DKの住宅で、築10年ならいくらぐらいということが自然とわかってくる。たとえば広いリビングに3寝室、バスルームが2つ、クルマが2台入るガレージ付きで、庭が200坪、ビリヤードやピンポンができる地下室もついている新築郊外住宅で約100万ドル（8000万円）。登記手続きはどうするとか、固定資産税がだいたいいくらといったことも、実物を見るとすんなり頭に入ってくる。あるときは中年の中国系の女性があちこち案内してくれて、遅い昼食をごちそうになったことがある。こちらはどうせ時間つぶしで、向こうもうすうす冷やかしだとは思っているらしいが、申し訳ない気持ちもあり、ちょっとした手土産を渡すと、名刺をくれて「今度ヴァンクーヴァーに来るときには空港に迎えに行くから」とまで言われるとプレッシャーを感じてしまう。西部カナダの人々はみな大らかで、とくに日本から来たと

言うとやたらに親切だ。

アメリカとの違い

西部といえば少し南の国境を越えたアメリカ合衆国のシアトルと比べたらヴァンクーヴァーはどうだろうか。アメリカのまちはどこへ行っても、マクドナルド・ハンバーガー・ショップ、ガソリン・スタンド、スーパーマーケット、教会などがあって、とても画一的だ。シアトルもその例外ではない。至るところに星条旗が風にひるがえり、体格のいいおまわりさんはメタボのような胴周りで、今にも肉がはみ出しそうなズボンにピストルをはさんでノッシノッシと歩いている。

ところが、お隣の都市なのにヴァンクーヴァーでは様子がまったく違う。星条旗ではなくメープルの国旗があちこちにひるがえり、人々の英語もブリティッシュというかインターナショナルというか、米語ほどアクセントがきつくなくわかりやすい。というのも、やはりイギリスはじめヨーロッパからの移民が多いせいだろう。もっとも近頃は香港や中国本土からやってきた人々、それに韓国、ヴェトナム、台湾などから移民が増

02 ヴァンクーヴァー中心街の全景（撮影：本間昌策）。

えている。おまわりさんはほとんど見かけず、たまにＲＣＭＰ（カナダ連邦騎馬警察）の騎馬警官を見るくらいである。もちろんマクドナルドはあるが、それよりもイタリアンやフレンチをはじめ各種エスニック・レストランに中華料理屋や寿司バーが至るところにできている。そして少し郊外の店屋に入ると奥のほうにエリザベス２世女王の写真が飾ってある。これが、カナダの西の表玄関の表情である。

ヴァンクーヴァーは東のトロントやモントリオールと比べてはるかに北方にあり、北緯49度13分なので、日本近辺でいうとロシアのハバロフスクやサハリンの中央部に相当する。それでも暖かく湿気を含んだ太平洋の暖流の影響で冬でも平均気温は氷点下にはならない。たまに積雪があると、交通渋滞が起こり、かなりの支障が出てくる。夏季の平均気温は20度を少し上回る程度だし、湿度も低いのでカラっとした晴天が続いて過ごしやすい。秋から冬にかけては曇天や雨天が続き、低温ながら日本の梅雨時のような鬱陶しい日々が続く。トロントのように、晴天でもどこからともなく風花が飛んでくるような、「しばれる」寒気に比べればはるかにましだが、土地の人々はわずかに晴れ間の見える南のほうを指さして肩をすくめる。「見てくれ。まったく、ヤンキーたちはいいとこ取りをしたものさ！」

ヴァンクーヴァーという都市の肖像

ヴァンクーヴァーという地名は、ジェームズ・クックとともに１７９２年にここに

03 市内にあるシニア劇団でのリハーサル。ヴァンクーヴァーではシニアもはつらつとしている（撮影：友武栄理子）。

やってきて、正確な海図を作成したイギリス人航海者で海軍士官ジョージ・ヴァンクーヴァー（1757〜98）に由来する。シアトルが先住民スクワミッシュの首長から命名されたのとは対照的である。フィヨルドとなっているバラード入り江の南岸のゆるやかな丘陵にあり、入り江の北側には標高1500メートル級の山々がそびえ、南側はフレーザー川の三角州に続いている。海と山が迫り、文字どおり「山紫水明の地」である。

　第二次大戦直後、日本に帰るか東部カナダに移住するかという選択を迫られ、泣く泣く東へ去った日系人が、ヴァンクーヴァーを訪れるたびに故郷の日本を思い起こしては涙に暮れる、という話をよく聞いた。トロントなどで活躍している日系人のビジネスマンや弁護士、会計士などでも、いずれリタイアしたらヴァンクーヴァーに住みたいという人が多い。「山あり海あり」といった日本によくある景色が望郷の念を呼び起こすのであろう。カナダ太平洋鉄道が1885年に開通して、その翌年、周辺の製材集落が一緒になってヴァンクーヴァー市ができた。やがて1914年のパナマ運河開通によって、内陸部の木材や小麦などの輸出港としての地位を確立し、1930年代の戦間期にはモントリオール、トロントに次ぐカナダ第三の都市となった。

周辺地域を含んだグレーター・ヴァンクーヴァー圏の面積は神奈川県よりも少し広い2877平方キロ、人口は名古屋市と札幌市の間くらいで、2006年の国勢調査時に212万人、都市部だけだと約60万人で千葉県船橋市と肩を並べる。ブリティッシュ・コロンビア州の州民所得の総額はカナダの国内総生産の約12・5%で、2032億カナダドル（2010年）なのでグレーター・ヴァンクーヴァー圏のそれはおそらく800億から1200億カナダドルくらいはあるであろう。ヴァンクーヴァー港はカナダ最大の貿易港で、130ヵ国を相手に年間750億カナダドルの貨物を扱っている。ここは環太平洋地域の重要拠点にふさわしく、世界の姉妹都市のなかには、横浜をはじめ、アムステルダム、ロサンゼルス、エディンバラなど港湾都市が多い。グレーター・ヴァンクーヴァー圏は昔からの林業、木材製造業や製紙業、それに鉱業に加え、近年ではバイオテクノロジー、ソフトウェア、エアロスペース、ビデオゲーム制作、アニメやフィルムなど多彩かつ先進的な産業が盛んになってきている。

ヴァンクーヴァーからアジアンクーヴァーへ

2009年度の統計を見ると、その年に外国から移民してきてヴァンクーヴァーに住み着いた人々の出身地は、アジア太平洋地域が約2万8000人で全体の3分の2を占める。２番目に多いのがイギリスやヨーロッパ大陸だが、アフリカやカリブ海域や中南米からの移民も多い。ひと頃は香港からの移民が多くてホンクーヴァーと揶揄《やゆ》されたが、最近は中国をはじめ、ヴェトナム、フィリピン、タイ、インドネシア、台湾などの地域からの移民が増える傾向にある。コリアンクーヴァーとかタイワンクーヴァーとかインディアンクーヴァーとか言われそうだし、来世紀にはアジアンクーヴァーと呼ばれるようになるかもしれない。このようなアジアからの移民が、どのようにして古くから住んでいるイギリス系、その他の欧州系はじめ多様な民族と調和的なコミュニティを築き上げていくのか、それは一つの壮大な歴史的実験となるであろう。

（池内光久）

09

エドモントン
平原州の政治都市

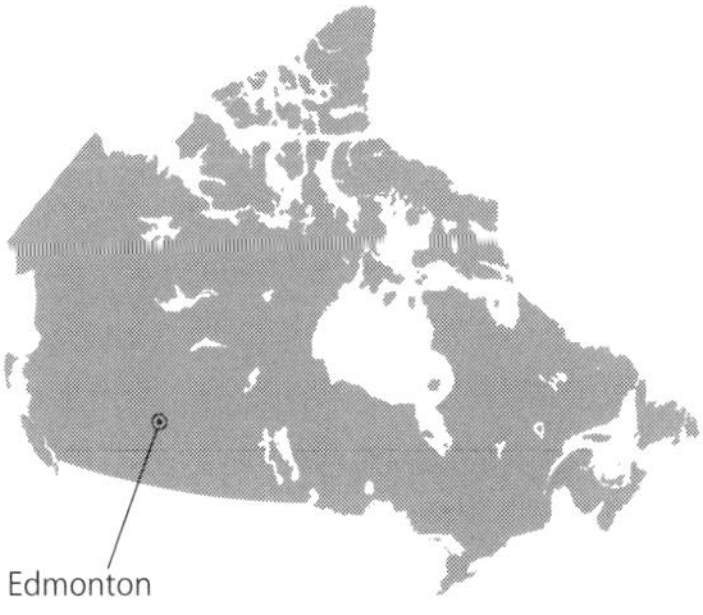

アルバータ州の地形

この地域への旅でもっとも驚かされるのはその地形である。西海岸の都市ヴァンクーヴァーから東方の内陸部へ旅すると頑強な岩の塊《かたまり》が連なって、天空にそびえ立つ山々に行く手を阻まれる。カナディアン・ロッキーである。かつて太平洋岸からこの山々を越えようとした人々は、その向こうに延々と続くプレーリーと呼ばれる大草原地帯の存在など、夢想だにしなかったことであろう。

しかし、この山々を水源にもつサスカチュワン川こそが、アルバータ州の都市成立に欠かせない自然である。この川は２つの支流によって形成されたものである。ノースサスカチュワン川は、アルバータ州の州都であるエドモントンの街の中央を北東に突っ切り、隣接するサスカチュワン州へと向かい、サスカトゥーン付近を経由して、プリンスアルバートの東30キロの地点でもう一つの支流であるサウスサスカチュワン川と合流する。

このサウスサスカチュワン川は、アルバータ州の最大の商業都市であるカルガリーを通るボウ川が南部都市のレスブリッジを通るオールドマン川およびレッド・ディア川の水流を集めて形成された支流なのである。ロッキー山脈の氷原から流れ出た水を運ぶサスカチュワン川は、サスカチュワン州を横断して、平原３州の東の端にあるマニトバ州に至る。

州の中央部に位置するエドモントン、南部地域のカルガリー、レスブリッジ、そしてメディスン・ハットというアルバータ州の主要都市はすべてこのサスカチュワン川の河岸付近に形成された都市であり、カナダ太平洋鉄道が完成した１８８５年以前の都市形成に不可欠な商業交通網を提供してきたのである。

エドモントンへの旅と歴史紀行

エドモントンに至るには、ＶＩＡ鉄道（東部の大都市モントリオールを起点にして太平洋と大西洋を結ぶ鉄道網）の西の終着点であるヴァンクーヴァーから、ロッキー山麓のジャスパーを経由する鉄道あるいは長距離バスの旅と、カナダ太平洋鉄道でアルバータ州南部の都市カルガリーに至り、そこからバスか自動車で向かう方法がある。アルバータ州が壮大な草原地帯に位置することを知るには、後者の旅が興味深い。カルガリーを離れてしばらくの間は、車窓を通して地平線上にかすかにロッキー山脈の存在を確認できるが、その後はなだらかな起伏はあるものの、地平線に囲まれて変化に乏しい地形が続く。高速道路の沿線で旅人の興味をそそりそうな都市といえばレッド・ディアくらいで、広い耕地面積をもつ農地に両側をはさまれて、車は北上して行く。農地に点在する街は、かつてコロニーと呼ばれ、ヨーロッパ各地から開拓民としてこの草原地帯を開墾してきた人々の移民集落の名残りである。ウクライナ系移民の多くは、この開拓民としてアルバータ州建設の立役者としての誇りを今に伝えている。

南部の中心であるカルガリーが州最大の商業都市であるのに対して、この旅紀行の目的地であるエドモントンは中央部以北の州最大の都市であり、州政治の中心を担う政治都市であると同時に、エネルギー産業で栄える産業都市でもある。街はノースサスカチュワン川をはさむように横たわる。今でこそ平原州を代表する大都市であるが、ヨーロッパ人による歴史は、1795年にハドソン湾会社と北西会社が現在のフォート・サスカチュワン付近に毛皮の交易地として「エドモントン砦」を建設したことに始まる。

のちに、砦の場所は上流の現在のエドモントンの地に移ることになった。1821年

01 02 フォート・エドモントン歴史公園。植民地時代からのエドモントンの歴史を紹介するテーマパークで、１８４６年にハドソン湾会社によって交易所としての役割を果たしたエドモントン砦を再現したもの。当時使用された生活用品なども展示されている。

にハドソン湾会社は北西会社を吸収合併して、今日、州議会議事堂が建つ地域に交易所が建設されたのである。「エドモントン」という地名は、イギリスのロンドン郊外にあった町の名に由来するが、彼の地が合併会社の重役の故郷であったことと無関係ではない。エドモントンは、ノースサスカチュワン川の北岸に建設された新たな交易所を中心に住民の居住区としても発展していくことになる。フォート・エドモントン歴史公園には復元された砦があり、当時の生活をしのぶことができる。

ハドソン湾会社は広大なルパーツランドをドミニオン・オブ・カナダに譲渡し、ノースウェスト準州となる。1870年代に政府は移住者に低価格で土地の払い下げを行い、さらに1897年にはゴールドラッシュで「一攫千金」を夢見て西へ移動する人々の中継地としても街は栄えた。その頃までには鉄道も敷設（1891年）され、20世紀初頭に至ってはカナダ北部鉄道がエドモントンを経由する大陸横断鉄道路線を開業することになる。アルバータは1905年にサスカチュワンとともにカナダ連邦に加わり、エドモントンがその州都となった。交通の要所であり、州政治の中心地となったエドモントンの変貌は、北アメリカの西部の都市発展の典型的な事例ともいえる。

03 フォート・エドモントン歴史公園には、実際に乗車できる鉄道敷設時代の蒸気機関車の他に、歴史的建造物（教会や各時代の住居など）も当時のまま移築展示されており、エドモントンの歴史的変遷を体験的にたどることができる。

1912年にはノースサスカチュワン川南岸のストラスコーナと北岸のエドモントンが合併したことで、一挙に5万人規模の都市となる。さらに30年代には食糧や医薬品の物流基地として、40年代にはアラスカ・ハイウェイの建設とともに北方地域への玄関口としての機能ももつようになった。第二次世界大戦後にこの地域で石油が発見されたことで、エドモントン市は、同州の産油地域の中心地ともなった。都市自身も急成長を遂げ、周辺郊外とあわせると100万人を超える大都市へと変容していったのである。

自然と都市生活との融和

エドモントンの冬は早い。9月になると、日没後はジャケットが不可欠になる。11月からは雪に覆われた街になる。氷点下20度にもなると極寒の地であることを思い知らされる。この温度になると、降る雪も「氷の雪」であって、綿雪のごとく積もるのとは趣きも異なる。それだけに、春の訪れは誰しも喜びに満ちており、輝いているようにも思える。ノースサスカチュワン川沿いのリヴァー・ヴァレー・トレイルは、そんな一日を味わうのにお薦めのコースである。週末にはサイクリングやハイキングを楽しむ人々でにぎわっている。川岸に生息する野鳥、小さな野生動物の観察にも適している。夏には可憐な草花が咲き乱れ、都会の騒音から逃れて、静かな一時を過ごすのに最適な「都会の自然」がそこにはある。市内には州最高の教育機関であるアルバータ大学があり、学術的レベルも高く、文学者が文化・文芸を論じながら散策を楽しんでいる姿もまれではない。

この名門大学のキャンパスは広く、近代的な建物とともに、レンガ造りの校舎が自然のなかに溶け込んでいる。多くの建物群のなかで、川沿いのラザフォード・ハウスは一見の価値がある。アルバータ州初代首相となったアレキサンダー・キャメロン・ラザフォード（1857〜1941）のかつての邸宅である。20世紀初頭の政治家の暮らしぶりを彷彿《ほうふつ》とさせるアンティークな家具や、付属のレストランでヴィクトリア風のアフタヌーンティーを楽しませてくれるのも、旅する者たちへの贈り物かもしれない。

ヨーロッパの伝統をもつ西部カナダの街

エドモントンはカナダ屈指の大都市の一つである。しかし、東部カナダの都市とはどこか違った雰囲気を醸し出している。都会でも乗馬を楽しむ人々を見かけるが、乗馬姿はブリティッシュ乗馬とは異なり、独特のハットにウェスタンブーツという出立ちで、ハリウッド映画で見たカウボーイのイメージを彷彿とさせる。この地は、「アルバータ牛」で知られる牧畜産業の盛んな西部の地でもあるのだ。聞こえてくる音楽もウェスタンやフォークミュージックであったりする。エドモントンは大都市であると同時に、れっきとした西部の街でもあるのだ。北米屈指のフォークミュージックの祭典であるエドモントン・フォークミュージック・フェスティバルは、ブルースやゴスペルソングからケルト音楽に至るまで、世界各国から集まったアーティストの祭典である。舞台の演者と芝生で覆われた斜面をいっぱいにする観客との掛け合いは、東部では見られない西部ならではの庶民的で開放的な時間である。カルガリーや州南部に広がる農業地帯ほどではないにしても、エドモントンも西部特有の歴史や伝統を継承しているのである。

その一方で、ウェスト・エドモントン・モールは、世界最大のショッピングモールであり、800軒以上の店舗が居並び、屋内テーマパークや絶叫マシンやプールなど娯楽施設としても充実している。注目は、ウィンター・スポーツの盛んなカナダらしいスケートリンクの存在である。性別を問わず、小学校の低学年から本格的にアイスホッケーを始めているのには驚かされる。

ダウンタウンには、19世紀末から20世紀前半にかけて建築された建物群も多い。フレンチ・ルネッサンスの建築様式をもつホテル・マクドナルドや第二帝国様式・エドワード王朝風の建物からアールデコ様式のものまで北米建築史をさかのぼることができる。この街の発展に寄与してきた人々に思いを馳せる。

トロント、モントリオール、ヴァンクーヴァーのようなカナダを代表する都市と同様に、エドモントンも多民族社会であるが、政治的には保守層の強い地域である。2006年に第28代カナダ首相に就任したカナダ保守党党首のスティーヴン・ハーパー氏（1959年トロント生まれ）も州南部の都市カルガリー選出の連邦議員であり、第一次ハーパー内閣には、アルバータ大学で教育を受けたエドモントン選出議員も名を連ねた。

このように、エドモントンはヨーロッパと西部カナダの伝統を継承する都市であり、中部平原州の歴史を知るうえで、欠かせない物語を提供してくれている。自然と共生しながらも、先端産業でも中心的な役割を果たし、その豊かな資源を都市の成長に結びつけてきたことで、他の都市とは異なった魅力をもつ都市の形成につながったのである。

（下村雄紀）

10

ウィニペグ
大陸中央に位置するコスモポリス

位置関係

ウィニペグは、マニトバ州の州都であり、同州の東南に位置する。北緯49度54分、西経97度09分の位置にある。緯度に関しては、アルバータ州のカルガリーやイギリスのロンドンより南であり、樺太島（サハリン）の中央あたりに位置する。経度に関しては、市内中心地から東へ車でほぼ1時間走ると、カナダの中央地点（西経96度48分35秒）に達する。東西に広いカナダでは、経度15度ごとに7つの標準時が設けられていて、ウィニペグは中部標準時に当たり、日本との時差は、冬時間の場合、15時間になる。すなわち、日本時間の朝9時はウィニペグでは前日の午後6時となる。

レッド川沿いに発展

ウィニペグ市は市内を大きく蛇行して北流するレッド川流域を中心に人が住みつきだした。この川は、全長８８５キロ（米国側６３６キロ、カナダ側２４９キロ）で、アメリカのミネソタ州とノースダコタ州の州境を流れ、ウィニペグ市のザ・フォークスと呼ばれる市内中心地区で、サスカチュワン州から東流するアシニボイン川と合流して、最後はウィニペグ湖へと注ぐ。ウィニペグ湖は面積約2万３７５０平方キロで、琵琶湖の35倍、四国がすっぽり入る広さだ。ウィニペグ湖からはネルソン川となって、ハドソン湾に注ぐ。

レッド川は、融雪による春の洪水でもよく知られており、川水の色が赤茶色であるところからこの名がある。ヨーロッパ人がこの地方に定住を始めてからの大規模な洪水としては、１８２６年、１９５０年、１９９７年等が有名で、殊に１９９７年の洪水は記憶に新しく、他に類を見ない大規模なものであった。

19世紀にはイギリスのハドソン湾会社の所領ルパーツランドの一部であるレッド・リヴァー植民地として、この川は毛皮交易やメイティ社会の中心であり、カナダの初期の発展に重要な位置にあった。このレッド・リヴァー植民地に交易拠点として最初に形成された集落が現在のウィニペグである。１８７０年のマニトバ州の創立に大きな影響を与えたとされるのがルイ・リエル（１８４４～８５）であり、マニトバ州よりさらに西でノースウェスト反乱を起こしたときは41歳であった。

彼は、メイティを組織しインディアンの協力を得て、1885年3月、独占的な鉄道運営・関税保護下の物価高騰の不満、メイティに対する土地所有権の不承認、わな猟や毛皮交易の衰退、飢饉等生存権を脅かす窮状に対するたびたびの請願に対する連邦政府の無関心さに怒りを爆発させたが、軍隊により鎮圧され、同年5月、彼は反逆罪で絞首されることになる。

日本の同時代人との年齢比較では、リエルは、西郷隆盛より17歳、坂本龍馬より9歳年下であり、反乱時（1885年＝明治17年）、勝海舟は62歳、福沢諭吉は51歳、新島襄はほぼ同年の42歳であった。ルイ・リエルのことを知るには、レッド川東側に位置するセント・ボニフェス博物館やセント・ボニフェス大聖堂の見学は欠かせない。

交通路に沿った市街地

ウィニペグ市の中心地を走る国道1号線（トランス・カナダ・ハイウェイ、通称ナンバーワン）は、東隣のオンタリオ州のサンダー・ベイから西隣のサスカチュワン州のリジャイナへと続く。このトランス・カナダ・ハイウェイ沿いと市の中心部からアメリカ合衆国へ南下しているペンビナ・ハイウェイ沿いには、商店街・工場・ホテル・大規模スーパーマーケット等が建ち並んでいる。レッド川およびアシニボイン川流域は景勝地であり、公園や別荘・高級住宅地域となっている。このレッド川沿いに15の学部を

擁する、西部カナダ随一のマニトバ大学のキャンパスがある。同大学は前身が農学校であったことから、川沿いに広大な付属農場が広がっている。文科系のウィニペグ大学は、ダウンタウンの一角に位置している。遠隔地への高速バスのターミナルも近く、多種の教会が軒を並べている。ウィニペグ市役所も、この大学の北隣にあり、その周辺にはアートギャラリー・人類博物館・プラネタリウム等の文化施設が集中している。マニトバ大学医学部およびその付属病院も近い。1938年に創設されたカナダ最初のバレエ劇団であるロイヤル・ウィニペグ・バレエは、1953年以降、エリザベス現女王の御前で上演したことを契機に「ロイヤル」の呼称が認可され、国外巡業も活発に

01 02 マニトバ州議会議事堂上のゴールデンボーイ（撮影：ブルース・ヤロウ）。

03 セント・ボニフェス大聖堂の墓地にあるルイ・リエルの墓（撮影：ブルース・ヤロウ）。

行われ国際的に定評がある。

マニトバ州議事堂はアシニボイン川とトランス・カナダ・ハイウェイにはさまれ、閑静な公園を形成している。中央ドームの屋根の上には「ゴールデン・ボーイ」と名づけられている少年の立像がある（写真01・02参照）。高く挙げた右手にはトーチを、左手には刈り取った麦穂を持ち、右足で地を蹴って今まさに走り出そうとしている裸身の黄金像である。また、この建物の内部中央階段脇には州の動物であるバッファローの石像がある。前庭は広く美しく、ヴィクトリア女王の石像が議事堂をバックに据えられ、周辺は市民の憩いの場となっている。7月1日のカナダ・デーにはいろいろな催し物があり、ふだんは閑静な庭園もすこぶるにぎやかとなる。かつてこの州議事堂庭園内に立っていたルイ・リエルの像が、現在はレッド川沿いに移築されている。

フォークロラマ――民族祭り

ウィニペグには、19世紀末から20世紀初頭にかけて世界各地から移民が多く到来し、イギリス系・フランス系はもとより、東欧諸国・アラブ・アジア・中南米からの移民がそれぞれの文化を持ち寄り、個々に伝承してきている。そういう意味で、ウィニペグでは「多文化主義」が成熟しているようである。１９７０年、マニトバ州のカナダ連邦加入１００年祭の期間、ウィニペグ市フォーク・アート評議会は、マニトバ州の多文化的伝統を祝うために「フォークロラマ」と呼ばれるフェスティバルを組織した。この催しは大成功を収め、以来40余年、毎夏続けられている。ウィニペグ市内の学校や大学のキャンパス等の公共施設を利用して設けられた各パビリオンでは、文化的多様性を祝福してそれぞれの民族コミュニティが民芸品の展示、踊りや技芸、食べ物等の独自の文化を紹介し、物産展も開いている。マニトバ日系カナダ市民協会が日本館のホスト役として、茶の湯・生け花・折り紙・書道（短冊に客人の名前を日本語で墨書してあげる）や、日本舞踊・剣道・柔道・空手・和太鼓等のパフォーマンスを催し、人気を博している。

ところで、図書館へ出かけると、日本関係の図書が圧倒的に少なく、あってもずいぶん古いもので、とても現代日本を紹介しうるものではない。かつては在ウィニペグ日本国総領事館（１９９２年に在カルガリー日本国総領事館に併合された）があり、政治・経済の面のみならず文化の面でも努力がなされていたはずであり、ウィニペガーとしては残念なことである。

冬の寒さとオーロラ

ウィニペグでもオーロラが見られるときがある。ノースウェスト準州のイエローナイフやユーコン準州のドーソンなどは世界的にも有名であるが、ウィニペグ湖畔で夏の合宿をしたときや市街地から車で半時間も走った郊外で、町の灯から離れた場所で時に見ることができる。ウィニペグではカラフルな色彩ではなく白黒であるが、深夜にどこからともなく荘厳な音曲が聴こえてくるような錯覚にとらわれるものである。

ウィニペグは、4月になってもまだ水面が凍っていることがあり、春と夏が同時に来るようである。秋もそそくさと去り、10月の終わりからもう冬となる。積雪はさほどでもないが、地中深くまで凍る。レッド川も凍る。池や湖には凍った水面（氷面）に雪が積もると、スノーモービルの出番である。運転操作は至極簡単で、ハンドルを離せば止まるので、運転免許をもたない老人や子供でも乗ることができる。また、防寒対策の行き届いている建物内およびそれらの地下廊では、外が氷点下40度の厳寒でもワイシャツ姿が目立つ。風のあるときは、たとえばバス停留所でも風除けフードのないところでは寒度がひときわ厳しい。

カナダの穀物産業の中心

ウィニペグの所在するマニトバ州と、西部のサスカチュワン州およびアルバータ州をまとめて、西部カナダ平原3州と称されている。この地域はカナダの穀物産業の拠点である。グレイン・エレベーターが各地に林立し、その間を縫うようにCN（カナダ国有鉄道）が走っている。かつてはオンタリオ州のサンダー・ベイから船積みされてセントローレンス川を経てヨーロッパやアフリカへ輸出されていたカナダの穀物は、今やブリティシュ・コロンビア州のヴァンクーヴァーやプリンス・ルパートを経てアジアへ輸出される場合が多い。これらカナダの穀物産業の心臓部であり頭脳部に相当する機関がウィニペグにある。市の中心部にはカナダ農務省の関係機関や種々の研究所が、西部平原3州の大学の各農学部と常に連携をとりつつカナダの穀物産業の要《かなめ》となって活動している。カナダ小麦局・カナダ穀物協会・穀物研究所等がその一例であり、多国籍企業であるカーギル社もそのなかに立派な位置を占めている。また、ウィニペグ市東部にはカナダ造幣局が存在し、見学も可能である。

テリー・フォックス

最後に、テリー・フォックス（1958〜81）を紹介する。1958年7月28日にウィニペグで生まれた彼は、ブリティシュ・コロンビア州にあるサイモン・フレーザー大学在学中（19歳）に骨肉腫が判明、右足を切断した後、がん研究資金調達の目的で、1980年4月12日（22歳）に、カナダ東端のセント・ジョンズから西端のヴァンクーヴァー島へ向けて「希望のマラソン」を開始した。目標は完走と100万ドルの募金であったが、がんが肺へ転移したため143日目の9月1日にオンタリオ州のサンダー・ベイ付近でマラソンを断念し入院。1981年6月28日、この世を去った（享年22）。彼の遺志を継ぐべく1981年9月以降、がん研究資金を募るチャリティ・イベントが毎年世界中で開催されている。

（草野毅徳）

11

トロント
カナダのパワーハウス

「トロントは未来志向の姿勢が活き活きとしている都市の一つだ。」（アルヴィン・トフラー）

トロント再訪

「旅というものは目的地に滞在していろいろな珍しい風景や建物を見物するだけが楽しみではない。そこに至る道程こそ肝心なのだ」とある著名な哲学者が述べているが、トロントを訪ねる場合もそうだ。カナダ最大の人口を誇るトロントへ日本から直行定期航空便で行くには、カナダの西の玄関口ヴァンクーヴァーから国内線を乗り継いで行く場合、シカゴ、ニューヨーク、デトロイトなどのアメリカ合衆国の諸都市から乗り継ぐ場合などいろいろと行き方はあるが、われわれ夫婦の旅は一風変わっていた。

ニューヨークまで一気に飛んで乗り継ぎ、モントリオール経由で列車に乗り、オンタリオ州のキングストンで途中下車し、博物館の裏手に係留してある退役した沿岸警備艇「アレクサンダー・ヘンリー号」で一夜を過ごした後、初代首相のサー・ジョン・A・マクドナルド邸やクイーンズ大学構内を見学した。キングストンからトロントまでは列車に乗らず、レンタカーを使った。ハイウェイ401という幹線道路を使えば、3時間あまりでトロントへ着いてしまうが、この「カナダ・ハイウェイ」は6車線から8車線もあり、トレーラーやトラックも乗用車もスピードを競い合うように走るので、旅の風情も味わえない。そこで、「ロイヤリスト・パークウェイ」と称されるローカル・ハイウェイ33をゆっくりドライブすることにした。

時は初夏、ヒバリは空高く舞い、新芽を出した木々の向こうにはセントローレンス川のゆったりした流れが目に入る。ところどころに公園やビーチがあって、サマー・ハウスかペンションらしき建物からバミューダ・パンツや水着の男女が子供を連れて出たり入ったりしている。時折ビーバーや小鹿が森のなかから顔を出す。ロイヤリスト・パークウェイは、イギリス本国に忠誠を示し、アメリカの独立に反対してカナダに逃げてきた王党派の人々が建設した道路で、往時キングストンとトロントを結ぶ郵便馬車の通り道だったと史書にある。

しばらくのんびりドライブを楽しんでいると、ヤヤッ！突然道がなくなってしまった。日本やアイルランドでは珍しい光景ではないが、脇道もなく、引き返そうにもゆうに１時間はロスしてしまう。そうだ、これはアメリカへ渡るフェリー乗り場ではあるまいか。茫然としてあたりを見回していると、しばらくして、かなり大きなフェリーが沖から近づいてきて接岸し、踏切が上がって車が数台降りてきた。乗ってきた若い船員が忙しく合図を送って車両を降ろしている。21世紀になったばかりで、カーナビもまだない頃だ。とにかく訊いてみることだ。

「ちょっとちょっと、お訊きしますがね、このフェリーは対岸のアメリカへ行くのでしょう？」

「あんた方はどこへ行きたいの？　アメリカ行きのフェリーの乗り場はここじゃないよ」

「トロントへ行きたいのだけど」

「それじゃ早く乗ってくださいよ」と言って地図をくれた。

ああよかった。でも時間がどのくらいかかって、どこへ行くのだろう？　忙しく立ち働く青年には声をかける隙もなく、地図を眺めてあたりをキョロキョロと見まわしているうちに、ピクトンという町の波止場にやってきた。船賃はタダだ。あとで地図をじっくり見ると、乗船したのはアドルフスタウンで、ピクトンと結ぶグレノラ・フェリー線だということがわかった。ピクトンの町で遅い昼食を済ませ、傾いた日差しを気にしながら、急いでカナダ・ハイウェイに乗ってしばらく行くと、西日に映えたトロントのスカイラインが目に入ってきた。

カナダのパワーハウス

さてトロントとはいったいどんな町なのだろうか。地理的にいえば、五大湖のいちばん東にあるオンタリオ湖の北西岸に位置し、カナダのハートランドともいえるオンタリオ州の州都である。都市部の人口は2011年で260万、周辺部を含めたグレーター・トロントでは600万を数え、メキシコ・シティを除く北米ではニューヨーク、ロサンゼルス、シカゴに次いで4番目の大都会である。面積は都市部だけで630平方キロメートル、グレーター・トロントでは5900平方キロメートルだから、それぞれ東京都区部と茨城県におおむね等しい。いわゆる首都圏とか関西圏に相当する大トロント圏の経済規模は国内総生産がカナダ全体の約5分の1であり、2011年の推計では約3500億カナダドル、フィリピンやベルギーと同程度であって、カナダ企業の40％がここに本社を置いている。トロントはカナダ経済・商業・金融のセンターであるといっても言い過ぎではない。

さらに陸運・水運・空運も盛んで、英語系の情報通信、メディア、映画、テレビ、演劇、音楽などの文化活動の中心であり、医療研究、教育、観光、スポーツなどの基盤も

01 オンタリオ州議会のあるクイーンズ・パークから見たトロント市街（撮影：本間昌策）。

しっかりしている。内外の多国籍企業の本社も数多く、トロント証券取引所（TSX）の取引高は世界第6位である。日本企業の活動もカナダの他の都市に比して断然群を抜いており、大手商社や銀行のカナダ法人もトロントに本部がある。たとえばモントリオール銀行やノヴァスコシア銀行も、もとはケベックやノヴァスコシアの出だが、カナダの五大銀行に列してトロントに実質上の本店を置いている。文字どおりトロントはカナダのパワーハウスだ。

トロントという名の由来

トロントという地名の由来はいろいろな説があるが、『エンサイクロペディア・カナディアーナ』によると、先住民ヒューロンの言葉で「人々が集まる場所」を意味するという説が有力だ。1750年頃フランスの毛皮商人たちが一時交易所を設立したが、その後はアメリカ独立戦争のときにイギリス側についた王党派《ロイヤリスツ》の流入が激しくなって、オンタリオ湖の北岸への入植が進んだ。1793年、アッパー・カナダの初代副総督であったジョン・G・シムコーは土地の言葉より英語名のほうが好きだったようで、ヨーク・オルバニー公フレデリック王子の名を取ってここをヨークと名づけ、アッパー・カナダの首都をここに定めたと史書に記述がある。しかし1834年になって、人口わずか1万人にも満たないヨークに市制が敷かれ、再び「トロント」となった。

多文化都市トロント

元来トロントの人口と経済力はモントリオールに後れをとっていたが、1930年代から急速に力をつけ、1934年にはトロント証券取引所がカナダ最大の規模となり、第二次世界大戦後は、名実ともにカナダ最大の商業都市となるに至ったが、その間には急激な移民の流入があった。現在168の民族グループがトロント市内に住んでおり、約100種類の異なる言語が家庭で話されている。それらをまとめる教会などの団体も数十に及ぶとされる。1989年には国際連合が、トロントを「世界最大の多文化都市」と名づけた。

日系人は、太平洋戦争までは西部の主としてヴァンクーヴァー近郊に定住していたが、戦後次第にトロントへ移り住むようになった。処女作品『オバサン』でカナダ処女小説賞はじめ数々の賞を受けたジョイ・コガワや、英語版『セー

02 今やトロントのシンボルとなったCNタワー（撮影：友武栄理子）。

03 日系会館（撮影：友武栄理子）。

ラー・ムーン』などのアニメ・シリーズに登場する俳優・声優のデニス・アキヤマ、そして州政府の閣僚を務めた政治家ディヴィッド・ツボウチなど、よく知られた日系人がグレーター・トロント圏の住民である。

21世紀になる前までは、毎年5～6月になると好天が続いて、ちょうど日本の花見の季節のような素晴らしい陽気になって観光客もどっと押し寄せる頃になると、インターナショナル・キャラヴァンが催される。1969年に29の会場に分かれて世界の都市ごとのお祭りが開かれたのが最初だった。この特長は非政治的でありかつ非営利的で、純粋に移民の故郷の文化風俗を伝え、相互に理解を深めようという趣旨で始まった。アラブの都市を冠したパビリオンでは、ベリーダンスが披露されたり、ヘルシンキのコミュニティ・センターでは若い人々が民族衣装のファッションショウをやったり、モスクワ館ではコサックのダンスが連日披露されるという具合で、カナダの誇る多文化主義の一端が具体的に示される。日系人のコミュニティでは日本舞踊、カラオケ、お茶会、折り紙教室等が開かれる。日系のお年寄りたちが、子供たちを相手に色紙に「ぼぶ」とか「めありー」などと墨跡鮮やかに書いて名札を作ってあげていたりする。今はコミュニティごとにこうした催しがなされているらしく、かつてのような華やかさはない。たぶんオンタリオ州かトロント市の財政事情によるのかもしれないし、それだけ各コミュニティが成熟してきたせいかもしれない。

カナダのハートランドであるグレーター・トロント圏の将来はどんなものであろうか。移民や自然増で2030年の人口は750万人を超えているであろうし、また出身国もさらに多様化しそうだ。カナダ全体としてもそうだがグレーター・トロント圏の経済もアメリカ合衆国という巨大市場に依存している。輸出は全体の80％がアメリカ向けだし、輸入もアメリカと中国に依存している。金融もニューヨークの株式市場に連動しているし、アメリカがくしゃみをすると風邪では収まらず肺炎になるともいわれている。メディアもアメリカの影響を多分に受けているし、トロントでももちろん、アメリカ各地のテレビ放送は見たい放題だ。カナダ独自の文化政策にもかかわらず、ハリウッド映画も当然入ってきている。

モザイク社会の将来

いわゆるモザイク社会といわれるカナダの将来はどうだろうか。成年になってからカナダにやってきた人たちと、カナダで初等公教育を受けた人々の軋轢《あつれき》は無視できなくなり、世界の景気後退が続けば、経済の停滞や失業率の増大に伴う社会不安を生む可能性もある。さらにいえば、近年流入してきているイスラーム系の人々や伝統的なカトリック、原理主義的なプロテスタント、正統派ユダヤ教などを他方の極として、家族、同性婚、ジェンダー、セックス、といったテーマにからんで、軋轢が生じていくのは想像できないことではない。こうして新移民と古くからの住民との間の考え方のずれ、老齢世代と若い世代の意識の相違、などが露《あら》わになるだろう。21世紀を通じてトロント市民の価値観の対立は深刻化するかもしれないし、このような社会的緊張が高まれば政治指導者たちを悩ませることとなろう。良かれ悪しかれこうした大きな変化の流れの先頭に立つのがトロントである。

（池内光久）

12

モントリオール
さまざまな立場で見つめた国際都市

モントリオールは、ケベック州南部に位置する同州最大で、トロント（オンタリオ州）に次ぐカナダ第二の都市である。２０１１年の国勢調査によれば、モントリオール市には約１６５万人、周辺を含めた都市圏には州人口の約半数、およそ３８２万人が居住している。「モントリオール」は、フランス語で「モンロワイヤル」と呼ばれ、「王の山」を意味する。１５３５年、フランスの探検家ジャック・カルチエが、現在のダウンタウンの北側にある小高い山を、「王の山（モンロワイヤル）」と名づけたことに由来する。

私は、この街とさまざまな立場でかかわってきた。はじめは観光客として、その後は留学生、住民として過ごし、最後は市役所で働きながらこの街を見つめる機会を得た。

立場によって街の風景も違って見える。私の体験を織り込みつつ、この街の多様な顔を旅してみよう。

観光客として

観光地としてのモントリオールの魅力は、その言語的、文化的特性にあるだろう。まず、メキシコを除き英語が主流の北米にありながら、フランス語が日常言語として定着している。この事実に驚く観光客は意外と多い。実は、モントリオールは、人口規模でいえばパリに次ぐ世界第２位のフランス語系都市である。その一方、英語もよく話されており、観光地や街の中心部ではほぼ問題なく通じる。

モントリオールが二言語都市であるのは、この街の歴史によるところが大きい。フランス植民地の一部として１６４２年に建設され発展してきた。しかし、フレンチ・アンド・インディアン戦争（七年戦争）でフランスが敗れ、１７６３年のパリ条約でイギリス植民地となってイギリス系住民が流入するようになると、言語面だけでなく、文化面でも、イギリス系、フランス系の二元性が定着した。「ザ・メイン」と呼ばれるサンローラン通りを境に、西側にイギリス系、東側にフランス系という住み分けが出来上がり、現在でもそれが色濃く残っている。

その後、20世紀後半以降になると、ヨーロッパをはじめ、アジア、中東、アフリカなどから移民が流入し、街の文化的多様性は増していく。２００６年の国勢調査によれば、市人口の31%が移民とされている。当初、移民の多くはイギリス系・フランス系住民の間であるサンローラン通り付近に定住したが、やがて市内各地に広がっていった。

移民によってもたらされたさまざまな文化に手軽に接することができるのも、この街の魅力である。豊かな食文化にあふれるレストランを食べ歩きながら、世界を一周したような気分にひたることもできる。夏には、国際ジャズ・フェスティバル、フランス語圏音楽祭、世界映画祭、アジア映画祭（ファンタジア）、笑いの祭典などのフェスティバルが目白押しで、世界各地からアーティストや作品が集まる。映画については、地元作品はもちろん、ハリウッド、フランス映画が常時豊富に見られるのもモントリオールならではである。

留学生として

モントリオールは、大学・研究の街としても興味深い。市内には、フランス語のモントリオール大学とケベック大学モントリオール校、英語のマギル大学とコンコーディア大学という主要4大学

01 ガーリック・フェスティバル（撮影：友武栄理子）。

がある。また、モントリオール高等商科大学（HEC）、モントリオール工科大学（ポリテクニーク）といった専門大学もある。とりわけマギル大学は世界的に有名な大学であるし、HECも国際的なランキングの上位に登場するなど、評価の高い大学もある。

ケベック州の大学は、他州と比べると学費が安く大学教育のアクセスがしやすい。その一方、学費が抑えられているため財政状況は厳しいともいわれ、設備投資や質の高い教員の確保で、他州やアメリカの大学に遅れをとっているとの危機感がある。そのため州政府は2012年度からの学費の値上げを決断した。だが、モントリオールを中心に大規模な学生デモが発生し、その後の政権交代により値上げは撤回された。

ともあれ、総じて研究環境はよいといえる。英語とフランス語の大学があるため、両言語でシンポジウムやセミナーが開かれるし、大学図書館は電子媒体も含めて充実している。また、研究資金も豊富で、大学院生に対する研究助手のポストや、奨学金も数多くある。

02 モントリオール大学本部（撮影：仲村愛）。

住民として

モントリオールでは、私は主としてコート・デ・ネージュ地区とプラトー地区に住んでいた。コート・デ・ネージュ地区は、ダウンタウンの北西部、モンロワイヤル山の北側に広がっている。東側にはモントリオール大学、HEC、ポリテクニークなどがあるため、文教地区の雰囲気を漂わせている。同時に、ここはモントリオールに到着した移民が最初に定住する場所としても知られる。住民の半数近くが移民で、地区の西側を中心にマルチエスニックな雰囲気も強い。大学周辺のアパートの家賃は、学生が多く需要が高いためか、建物の質に比べると割高である。また、新規移民の場合、言葉や文化の問題などで賃借人としての権利を知らない人も多く、公衆衛生の点から市当局の指導を受けるような住環境を強いられている事例も見受けられる。

他方、プラトー地区は、ダウンタウンの北東にあり、モンロワイヤル山の東側に位置する。以前は、フランス語系労働者や清貧な知識人など低所得者層が住む地区だったが、ここ数十年、流行に敏感な若者や比較的所得の高い人たちが住むおしゃれな地区となっている。とりわけ、フランスからの留学生や移民が多く、日本人滞在者にも住み心地のよい地区として人気が高い。

両地区に住んでみて気がついたことの

03 プラトー地区の家並み。

一つは、公的サービスの違いである。たとえば、清掃作業や除雪作業はプラトー地区のほうが丹念に行われている。観光客も訪れる地区だからかもしれないが、コート・デ・ネージュ地区と比較してみると、明らかに公共サービスと社会格差に関連性があるような印象を受けざるを得なかった。

市役所職員として

短い期間ではあったが、モントリオール市役所の「社会多様性課」で調査官として働く機会を得た。この部署は、移民の定住支援や異文化間関係、青少年、高齢者、障害者、貧困、コミュニティ開発などを担当している。私は青少年健全育成プログラムの評価を担当し、市内19区の担当者やNPOからの聞き取り調査などを行ったことがある。

市役所で働いて興味深かったことは、ガバナンスの複雑さであった。まずは市と区の関係である。過去10年の間に合併と分裂を経験したモントリオール市には19の区がある。市と区は対等で、上下関係はない。各区には区議会があり、公選の区長もいる。市議会議員は区議会議員を兼ねているが、市議会議員ではない区議会議員も存在する。住民に近い行政サービスにおける区の権限は強く、市は介入できない。このような状況を「市連邦制」という言葉で表現したコラムニストもいる。市の合併と分裂が短期間に起きたため、市区間の役割分担をめぐる合意が詰めきれておらず、調査でも区役所とNPOの担当者から同様の意見が頻繁に聞かれた。

また、モントリオールではコミュニティの自主性を重んじる風潮が強く、地区ごとに協議会が設けられている。地区によっては、青少年を担当する協議会も別に存在する。このような協議会は、市民の参画という観点からも奨励されており、政策過程において重要な役割を果たしている。とはいえ、地区によっては、歴史的、地理的、社会的理由などで協議会の運営が芳しくないところもあり、地区レベルでのガバナンスの多様性には驚かされた。その一方で、コミュニティの現状を批判的に検討し、改善に向けてひたむきに活動する区職員やＮＰＯの人々の情熱には感嘆するものがあった。

モントリオールのガバナンスをさらに複雑にしているのが、市域を越えた都市圏を担当するさまざまな公的機関やＮＰＯ（例：モントリオール地方公選首長議員会議、州政府の出先機関、モントリオール都市圏財団など）との調整である。とりわけ、財団などは、自らの問題意識に沿って多額の助成金を特定のコミュニティに拠出するため、場合によっては市の政策が振り回されることもある。このような傾向は、市と民間団体との役割分担や連携という問題も提起し、ガバナンスの方程式をさらに複雑にしている。

同じ大都市でも、トロントでは中央集権的なガバナンスとなっており、機能的な面からするとモントリオールの分権的なガバナンスが問題視されることも多い。しかし、討議的民主主義や市民参画、コミュニティや市への帰属意識の醸成という観点から見ると、必ずしもそれが悪いとは言いきれないだろう。

モントリオールは、中等教育の中退者、貧困、多様性の管理など、社会的な問題を抱えている。たとえば、モントリオール都市圏の中等教育（日本の高校に相当）の中退率は近年は25％弱にのぼっている。知識経済の重要性が増す昨今、学歴の低さは、就業の困難にもつながり、ひいては貧困を引き起こす要因となる。また、移民の割合が増加しており、文化間対立を防ぎ、社会調和を達成するために多様性を管理していくことがますます重要となっている。このような問題に対して、モントリオールのガバナンスが答えを見出していけるのか試されているともいえよう。

（古地順一郎）

13

ケベック市
世界遺産の都市

「ケベック」とは、北米の先住民の言葉で「川幅の狭まったところ」を意味している。五大湖のオンタリオ湖に端を発し、北のセントローレンス湾に注ぐ、全長が1200キロメートルにも達する大河であるセントローレンス川は、河口付近では川幅150キロにもなるが、ここケベック市の地点では、川幅は3キロに狭まっている。セントローレンス川を見下ろすディアモンド岬は、93メートルの切り立った斜面をもち、17世紀の砦としての条件を十分に備えていた。そして、城壁で囲まれ、石畳の道、石造りの建物が連なる北米唯一の城塞都市ケベック市の旧市街は、「ケベック市歴史地区」として、1985年、北米初のユネスコ世界遺産に登録された。

01

北米大陸にあって、ここは圧倒的なフランス語社会である。加えて中世ヨーロッパを思わせる美しい町並み、それは、ケベックの旧市街が、ヌーヴェル・フランスと呼ばれ、北米におけるフランスの中枢であったからである。海を渡ってきたフランス人は、厳しい環境のなかで、精神的な礎《いしずえ》としていくつもの教会を築き、続いて数多くの文化的施設を開いてきた。ケベック旧市街は、英仏の植民地戦争でフランスが敗れ、１７６３年のパリ条約でイギリス支配となった後も、「生き残り」を模索しながら、フランスの伝統と文化を守り続けてきた空間である。ケベック旧市街は、カナダという国の発展を知るうえで避けては通れない重要な地域である。

01 サン・ジャン門。向こう側が旧市街。

ヌーヴェル・フランスの始まり

１５３４年、フランス王フランソワ１世の命により、サン・マロ港から出帆したフランスの探検家ジャック・カルチエ（１４９１～１５５７）は、セントローレンス川河口の

ガスペ半島東端に到達し、付近をフランス国王の領有であると宣言した。さらに翌年の1535年には、セントローレンス川をさかのぼり、先住民が「スタダコネ」と呼んでいた小さな村落（現在のケベック市付近）にまで到達し、彼らと交流している。カルチエは一帯を、先住民たちが村落を指していた言葉の「カナタ」（のちの「カナダ」）と呼んだ。1541年の越冬で想像を絶する厳しい自然に遭遇したことなど、この未知の地での3度にわたる探検の詳細は、彼の遺した『航海記』で知ることができる。

カルチエから約半世紀後の1608年、探検家のサミュエル・ド・シャンプラン（1567〜1635）は、現在のケベック市に要塞基地を築き、本格的な植民活動に乗り出した。その功績によって、彼は後年「ヌーヴェル・フランスの父」と呼ばれる。セントローレンス川を背に、アッパー・タウンのシャトー・フロンテナックのテラスに約15メートルの立像がそびえ立っている。

02 シャトー・フロンテナックとシャンプラン像。

ケベック市発祥の地、プラス・ロワイヤル

さかのぼること約2500年、周辺の森に住む先住民は水辺でウナギ漁を行っていた。やがて岸辺は彼らが物々交換に集う場となった。そこが、現在のケベック旧市街にあるプラス・ロワイヤルであり、ヌーヴェル・フランス時代は水際に接していて、先住民との毛皮の交易所として栄えた。

1608年シャンプランがここに、最初の毛皮交易の拠点となるアビタシオンを建造した。その後、プラス・ロワイヤルの範囲はさらに広がった。1615年のルコレ修道会の修道士をはじめとして、やがてイエズス会神父、ウルスラ会の修道女らがケベックに到着した。彼らは先住民へのカトリックの布教、開拓移民の子女教育に活躍した。旧市街には1639年創設のウルスラ会修道院、1647年創設のノートルダム教会（1925年に再建）、1663年創設のケベック神学校（のちのラヴァル大学校舎）があり、現在その一部が北米フランス博物館などの歴史的建造物となっている。

1663年ヌーヴェル・フランスは王領直轄地となった。それを記念して、フランス王ルイ14世の銅像が本国において制作され、1688年に設置された。以後、この広場はプラス・ロワイヤル（王の広場）と呼ばれるようになる。しかし、像は広場の商業活動を妨げるとして1700年に撤去され、行方がわからなくなった。その後、ケベックで復元、1964年に再設置された。今は、この若きルイ14世の胸像は周囲の景観に溶

け込み、観光客のカメラに必ず収まるスポットとなっている。

また、ヌーヴェル・フランス時代のエピソードとして、「王の娘たち」の存在がある。当時の植民地は商人、兵士、行政官、大工など圧倒的な男性社会であった。その発展にあたって、まずは家族を形成することが要求され、そのためには花嫁が必要であった。そこで結婚を目的とした女性たちが本国で招集され、教育を授けられ、支度金が用意された。彼女たちはフランス国王の保護の下にあったことから「王の娘たち」と呼ばれた。娘たちは長い船旅を経てプラス・ロワイヤルに到着、次々と伴侶のもとに迎えられていった。1663〜73年の10年間で、その娘たちの数は約770人にのぼったといわれ、彼女たちのもたらした日々の生活手段や手腕は、今日のフランス系社会の形成に質実ながらも彩りを添える活力を与えた。

プラス・ロワイヤルは、町のさらなる発展の役割を担った。1680年には商人をはじめとして約300人が暮らし、多くが木造平屋で、壁面を共用していた。1682年に大火に見舞われ、これをきっかけに、周辺は、石造りで二階あるいは三階建ての、

03 プラス・ロワイヤルのルイ14世像。左手に見えるのが勝利のノートルダム教会。

天井高があり屋根裏部屋の窓辺が特徴的なマンサード屋根をもつ、フランス様式の美しい住居に変わっていった。さらに、広場の南側には１６８７～１７２３年にかけて「勝利のノートルダム教会」が建てられた。

しかし、住宅や「勝利のノートルダム教会」は、英仏の植民地戦争で4万の砲弾、１万の爆弾によって消失した。その後、ケベックはイギリスの統治下となってしまうが、プラス・ロワイヤル自体は再建されることとなる。幸いにも、フランス系の建築家や大工の家系、各種の職人がそろっていたため、一部を除き、イギリス式ではなく従来の伝統的なフランスの工法によって新たな街づくりがなされた。１８５０年の繁栄時には、フランス系の商人は、住居をアッパー・タウンに移し、ロワー・タウンには小売業、金融業、倉庫業など仕事場が集中する。一方、当時の経済活動の要ともいえる毛皮交易は中心地をモントリオールに移し、それに伴ってケベックは港としての活気を徐々に失っていった。

20世紀後半のプラス・ロワイヤル

プラス・ロワイヤルは、ケベック州政府の打ち出した新たな文化政策により、１９６7年に美しく機能的に再建された。とがった屋根、煙突のあるフランス様式の住居の外壁の一部は、古い石積みを再構築したものである。内部は近代化された集合住宅で、大半の建物の1階部分はレストランやギャラリーとなっている。歴史的に重要な建物には、建築年などの説明文の標識がある。1816年に再建された「勝利のノートルダム教会」は、北米最古の石造教会として美しく調和している。また、広場につながるプチ・シャンプラン地区は、狭いながらも北米でもっとも古い商店街として知られる。付近には1752年に外壁や建材に贅《ぜい》を尽くして建てられた豪商シュヴァリエの邸宅がある。ここは現在、文明博物館の分館として、当時の家具や調度品とともに、内部が一般公開されている。

　1975年、シャンプランの住居跡を見つけるために、「勝利のノートルダム教会」前で、石畳を剝がして発掘作業が開始された。周辺で約1万4000点もの出土品があり、当時の暮らしが解き明かされた。毛皮や兵器、タバコ、食器、家具等、さらには、シャンプランのインクスタンドと見られるものも出土している。プラス・ロワイヤル、ルイ14世像の背面側にある展示センターで見られるこれら出土品とその研究成果は、広場周辺の変遷とともに先祖の暮らしを教えてくれる。

　最後に、ケベック市の夏の祭典「ヌー

04 アッパー・タウンとロワー・タウンを結ぶ坂道。そこでキーボードを演奏するミュージシャン。

05 ストリート・ミュージシャンの弾くピアノに聴き入る犬（ケベック市にて。撮影：平なおみ）。

ヴェル・フランス祭」について触れておく。これは毎年、8月最初の水曜日から日曜日まで、プラス・ロワイヤルを主会場として旧市街で盛大に開催されるお祭りであり、カナダ内外から約20万人が訪れる。関係者の多くはボランティアからなるが、17、18世紀の格好で会場を行き交い、盛り上げる。観光客、老若男女を問わず、ヌーヴェル・フランスを象徴する色とりどりで華やかな伝統的な衣装（自前や貸し衣装）で参加できる。期間中は、衣装コンテスト、コーラス、パフォーマンス、パレードなど多彩なプログラムが石畳の上で繰り広げられる。ソバ粉のクレープ、トナカイのパテなどの模擬店も出る。まるで17世紀の暮らしにタイムスリップしたような錯覚に陥る。フランス系の人々の誇りがこの祭りのすべての参加者に共感され、支持されているところからも、その魅力がうかがえる。

　こうしたケベック旧市街がユネスコ世界遺産に選定された主な理由は、「城塞のある都市」「北米のフランス系の始まりの地」「いつも活気のある地域」の3つにあった。「ヌーヴェル・フランス祭」をはじめとして、氷点下25度にもなるなかで開催される2月の「ウィンター・カーニバル」など、「人生を楽しく」のモットーを実践しているケベックの地域性が、高く評価されたといえる。北米でもっとも古い住宅地であったプラス・ロワイヤルを中心に、多くの人々が集い行き交う旧市街は、世界遺産に認定されて、さらに輝きを増している。

（友武栄理子）

14

セント・ジョンズ
カナダ最東端の港町

セント・ジョンズ（St. John's）はニューファンドランド・ラブラドール州の州都だ。〝セント〟のスペリングは決してSaintとは綴らない。ここは1580年代に、イギリスによって築かれた北米大陸最古の都市でもある。だがこの州都名の由来は、それよりもっと古い。1497年、イギリス国王の命を受けた探検家ジョン・カボット（1450頃～1498）が、愛妻の名をつけたマッシュー号での航海途上、この近くの海域に到達したとされる。その日がちょうど聖ヨハネ（英語でセント・ジョン）の祝日6月24日だったことから、この聖人にちなんで名づけられたという。その歴史的真偽のほどは厳密には曖昧なのだが、しかし今日ではそれがもっとも一般に受け入れられている。ニュー・

ブランズウィック州にも類似の大きな港町があるが、こちらはセント・ジョン（Saint John）という。聖ヨハネをルーツとする点では同じだが、スペリングは決して St. と略さない。

ヨーロッパにもっとも近い北米大陸の都市

セント・ジョンズの人口は、周辺部を含めてわずか20万人弱（2011年）。だがこれでも、大西洋沿海地域のなかではノヴァスコシア州のハリファックスに次ぐ第二の大きさだ。イギリスとの歴史的結びつきの深さゆえ、住民の圧倒的多数はイギリス系である。多文化主義や二言語主義はカナダの代名詞のように響くが、ここではほとんど実感がない。ちなみに、町でフランス語が飛び交うことなどまずない。フランス語圏カナダのイメージは、この地にいるかぎり、はるかに遠いよその国の物語のようである。

旅の第一印象として、セント・ジョンズにたどり着くと、何だかずいぶん地の果ての町に来たなあ、と錯覚してしまう。なにしろ、ここはカナダ最東端の州都なのだ。だが、これは大きな思い違い。この地に生きる人にとり、この町こそが世界の中心なのだから。

町を歩いてすぐ気がつくのが、セント・ジョンズは坂が多いこと――というよりも、この町自体が坂から成り立っている――、町の中心部のすぐそばが港になっていること、そして理想的な地形に囲まれていること、という点だ。港は両面が小高い丘にはさまれた入り江に面し、外海の荒波を防ぐように奥まったところに位置する。さらにここは大西洋への出入り口であり、豊かな世界三大漁場にも近い。「港湾都市」というほど大げさなものでなく、かといって小漁港でもない。都市機能をもったほどよい規模の良港、といったところか。

孤高の「ニューファンドランド人」

ニューファンドランドは、カナダ本土と離れた島ということもあり、固有のメンタリティをもつ。ここの住民にとってカナダとは、長らく「セントローレンス川近辺を主とした北米大陸の特定地域」であり、または「ニューファンドランドとラブラドールを除くドミニオン・オブ・カナダ」のことだった。自分たちの土地が、元来カナダでありながらカナダでなかった。その存在がカナダ史から忘れられていた、いや、いつも忘れられそうになっていたのである。

状況が一変したのは、１９４９年のことだ。イギリスの信託統治のままでいるか、それともカナダ連邦に加わるか、その是非をめぐる住民投票が行われた。ヒヤリとするほどの僅少差であったものの、ともかくそこがカナダに帰属することで決着を見た。10番目の州の誕生だ。経済的に貧しいニューファンドランドにとり、連邦への加入は豊かさへの道を約束するものと思われた。加えてカナダ側から見れば、第二次世界大戦中に同地域と周辺海域のもつ戦略的重要性が見直されたことや、イギリス政府にとって、そこの継続統治が経済的に重荷となっていたことも事実だった。そんななか、イギリスにとり「孝行娘」であるカナダへ「もう一人のわが子」を〝手渡す〟ことは、まさに望むところだったろう。

こうしてニューファンドランドは、その古い歴史はもちろん、政治的・社会的にもカナダのなかで独自の道を歩んできた。北米大陸の主要舞台からは、地理的のみならず心理的にも遠かったのである。だからこそ、ユニークな文化を培うことができた。フランス語系住民の多いケベック州とは違った意味で、そこが〝特異な社会〟である由縁だ。「ケベック人(Québécois)」という表現があるように、この地にも「ニューファンドランド人(Newfoundlander)」という言葉がある。両者とも、自らの地に対する帰属意識の強さ、そして文化的誇りの高さの点では共通している。さらには、大部な『ニューファンドランド英語辞典』が刊行されているように、独特の言語文化も育まれてきた。ニューファンドランド・ラブラドールの州都セント・ジョンズは、こうした歴史と文化を凝縮するかのような中心地なのだ。

なぜセント・ジョンズへ？

私は、過去2回このセント・ジョンズを訪れたことがある。理由は単純だった。そこが、日本からもっとも遠いカナダの州都だったから。明るく陽気なプレーリーの町と異なりちょっと侘びしそうな港町、多民族色豊かなトロントやモントリオールのような大

01 『ニューファンドランド英語辞典』（トロント大学出版局、初版1982年）の表紙。

都市の活気度とは違う寂れた感じの町、そして他州のカナダ人でさえ、ましてや日本人がわざわざ訪れたがらない一見何の変哲もなさそうな小都市……そんな思い込みがあった。だからこそ、逆にぜひ行ってみたかった。そしていざ足を踏み入れてみると……、やっぱりそのとおりだった。でも、この州都は、何か不思議な魅力を漂わせていた。

１回目の旅は１９８６年の10月。当時、私はオタワに在勤していたこともあり、〝国内旅行者〟として、軽い荷物を携えての旅だった。オタワはカナダの首都とはいえ小さな都市なので、そこから直行の飛行機便はなかった。ノヴァスコシア州ハリファックス経由の旅だった。10月上旬とはいえ、大西洋から吹く風が私には異常に冷たかった。

知人の紹介で、地元のニューファンドランド・メモリアル大学の教授ともお会いし、ここの歴史や人について親しくお話をうかがうことができた。ニューファンドランド島には蛇が生息していないらしい。名物料理はウサギ、とも聞いた。独特なニューファンドランド英語も披露してくれた。意味はまったくチンプンカンプンだったが、ドイツ語混じりのような音の響きだったのを覚えている。なるほど、ここはローカル色豊かな地であるな、と実感したものだ。

さらに大西洋岸に沿って、周辺の小さな漁港も訪れた。険しい山々を背景に、美しい小村が続く。セント・ジョンズもそうだが、個々の家の壁には黄色や赤や緑など、色鮮やかなペンキを塗った姿が目立つ。これは、漁師が長い航海から戻って来る際、家族の待つわが家を一瞬でも早く、海上から識別できるようにするためという。これは船乗りの知恵か。

2回目は〝海外旅行者〟として、1997年の8月。この年は、ジョン・カボットのニューファンドランド・ラブラドール航海「500周年」にあたっていた。6月の盛大な記念行事は終わっていたが、旅の主な目的はカボットに関する研究論文を書くためであった。セント・ジョンズにある大学や史料館を訪れ、さらにはレンタカーを利用してニューファンドランド島の北岸まで足を伸ばした。カボットの上陸地点を探し求めて、肩肘張らない好奇心の旅でもあった。写真や文献ではなじんでいたものの、実際、行けども行けども漁村と入り江の続く風景を目の当たりにすると、絵に画いたようなその美しさに、足ならぬ車を止めることしばしばだった。なるほど、この地のルーツが「海の民」にあるのだと納得した。さらに、〝拠点地〟セント・ジョンズで私を温かく迎えてくれたB&Bの宿主夫妻、小漁村で出会った「ニューファンドランド人」の笑顔と人なつっこさも忘れられない。

町のシンボルとしてのシグナル・ヒル

セント・ジョンズ滞在中、私が何度も訪れたのはこの丘だ。まるで守護神のように、この町の姿を見守っている。港町のはずれにあるから、徒歩でも行ける。頂上に着くと、東には大西洋の海原まで、そして西南の眼下にはセント・ジョンズの町・港・湾が一望できる。展望台にはヨーロッパやアメリカの主要都市までの距離、そしてよく見ると

〝Tokyo〟までのキロ数も表示されていた。その数字は忘れたが、カナダ東端の丘の上で、日本の都市名に触れるとは想像だにしなかった。こんなとき、妙に愛郷心に駆られるものだ。

この丘にある建造物が、小要塞のようなカボット・タワーだ。１８９７年のヴィクトリア女王即位60周年、および探検家カボットのニューファンドランド到達４００周年を記念して竣工、１９００年に完成した。さらにこの町が誇りとするのは、翌１９０１年12月、シグナル・ヒルを舞台に、Ｇ・マルコーニが初めて大西洋を越えて無線通信に成功したことだ。ヨーロッパとカナダとを、より強く一体化した象徴的瞬間でもあった。

海の香りとともに、独特のロマンをかきたてる港町……それがセント・ジョンズだ。

（竹中　豊）

第3部

「カナダの多文化社会」を旅する

15

極北、北西海岸、そして都市

先住民の生活舞台

カナダには100万人を超す先住民が住んでいる。カナダ先住民とは、ヨーロッパ人が現在のカナダにやってくる以前からその地で生活を営み、現在でもアイデンティティや言葉、文化の一部を保持しつつ、カナダ国内で少数派民族集団として生活を送っている人々のことである。1982年憲法によると、カナダ先住民とは、ファースト・ネーションズ（インディアン）、メイティ、イヌイットであると規定されている。ファースト・ネーションズとは、ハイダやクリーらこれまでインディアンと呼ばれてきた諸民族の総称である。メイティは、インディアンとヨーロッパ人との間に生まれた人々の子孫で、独自の文化をもつ人々を指す。イヌイットは、ツンドラ地帯が広がる極北地域に住む人々である。

２００6年の国勢調査によると、カナダの総人口は約３２４０万人であるが、そのうち先住民の総人口は約１１5万人である。その内訳は、ファースト・ネーションズが70万人弱、メイティが約39万人、イヌイットが約5万人である。カナダ総人口の約4％である。しかもその55％弱が故地の保留地や村を離れ、都市部に移住している。言い換えれば、国民のほぼ25人に1人が先住民であり、先住民人口の半分が都市部に住んでいることになる。カナダを訪問したことのある人は、たぶん気づかぬうちに先住民の人に遭遇している可能性が高い。

彼らの生活舞台は、森林地域や平原地域にある保留地や極北地域の村々だけでなく、今やモントリオールやトロントなどにまで広がっている。ここでは私が訪ねたヌナヴト準州イカルイト、ブリティッシュ・コロンビア州アラートベイ、ケベック州モントリオールの先住民について紹介したい。

極北の村

カナダ・イヌイットの総人口は約5万人であり、その大半はヌナヴト準州、ノースウェスト準州、ケベック州ヌナヴィク地域、ラブラドール地域に住んでいる。それでも人口の22％は故地を離れ、カナダ南部の都市やその周辺で生活をしている。

イヌイットのほぼ2人に1人がヌナヴト準州に住んでいる。ヌナヴト準州は、１９９

9年4月にかつてのノースウェスト準州の中部地域および東部地域が分離・独立し、形成された準州である。その準州都はイカルイトであり、各地からイヌイットが集まるため、2011年の人口は約6700人である。イカルイトはカナダの首都オタワから北の方角にほぼ2000キロメートル離れている。オタワからは飛行機で森林地帯や海を越えて行かなくてはならない。

イカルイトの周りは典型的な極北地域の景観である。海に面したツンドラ地帯の沿岸部に位置し、冬から春にかけては氷雪に覆われ、日照時間が極端に短い。晩春から晩夏にかけては日照時間が長く、ツンドラ上を這うように植物が繁茂するが、樹木は皆無である。冬には氷点下30度以下になることがある一方、夏でも10度を超す日は少ない。温暖な気候に慣れ親しんだ地域から来た人には決して心地よい環境とはいえない。

この極北の同村には、ヌナヴト準州政府の議事堂や事務所、病院、図書館、大型スーパーマーケット、銀行の支店、ホテル、レストラン、バー、喫茶店、土産物店、スポーツ施設、住宅などがある。飛行機もオタワから毎日、飛んでくるし、貨物便も定期的にやってくる。村のなかで生活するかぎり、カナダ南部の村での生活とほぼ同じである。

イカルイトのイヌイットの多くは夏になると船外機付きボートで狩猟や漁労に行き、冬にはスノーモービルを利用してアザラシ猟やカリブー猟に出かけている。また、狩猟を好む中高年は、村の外に狩猟小屋を建て、週末や夏を過ごす人たちもいる。さらに、「カナダ・デー」や準州創設記念日など特別な日には、イヌイットのダンスや向かい合った2人が喉を共鳴させて歌う喉歌などの伝統的なパフォーマンスが行われる。旅のなかでもっとも印象的なものは、イヌイットが旅行者を温かく迎えるときの笑顔であろう。

北西海岸地域の村

私は民族資料の収集のために、ブリティッシュ・コロンビア州にあるヴァンクーヴァー島アラートベイを4度、訪れたことがある。この地域の沖合いでは暖流と寒流がぶつかり、サケなど水産資源が豊かである一方、温暖で多雨のため森林資源も豊富である。同じカナダでも極北地域の荒涼とした大自然とは異なり、冬に雪が降ることがあっても海は一年中凍結せず、樹木が繁茂し、巨木の森林地帯を形成している。とくに6月から8月にかけての季節は、気温が温暖で雨が少なく、過ごしやすい。このためヴァンクーヴァー島のナナイモやキャンベル・リヴァーなど保養地には、夏に多数の観光客が訪れる。一方、10月から翌年の春にかけては雨の日が多く、当地の先住民にとって昔は儀礼や手仕事の期間であった。

この地域に住む先住民は、北西海岸先住民と総称され、ポトラッチ儀礼の実施で有名である。ポトラッチとは、首長の継承式や葬式、子供の誕生日などの特別な機会に近隣の首長らを招き、贅沢な食事を提供し、歌や踊りで楽しませ、帰りには大量のお土産をもたせる儀式である。招かれた者は、折を見て、招いた者を招き返し、同等以上の饗応をすることが期待された。もしこの饗応を実行できなければ、招かれた人は面子《めんつ》を失い、社会的地位が低くなると見られた。このため地位を維持したり、高くしたりするために首長間で激しい競争的なポトラッチが繰り返されてきた。このポトラッチには、首長間の社会的な序列を決定するという機能があったが、あまりにも破壊的であると考えたカナダ政府は１８８４年から１９５１年まで法律で禁止した。しかし、このポトラッチは性格を変えつつも現在でも実施されている。

アラートベイは、ヴァンクーヴァー島北端に近接しているコルモラント島上にあるクワクワカワクの一グループ「ナムギース」の保留地である。私はいつも、朝6時前にヴィクトリア市を出発するヴァンクーヴァー島北部行きの長距離バスに乗り、8時間以上かけてアラートベイを訪問する。景色のよい海岸を走り、途中のナナイモやキャンベル・リヴァーでは一時休憩の時間もあり、退屈する間もなくポート・マクネイルに到着する。そこからフェリーに乗れば、約1時間でアラートベイに到着する。アラートベイに入る公共の乗り物はこのフェリーしかない。フェリーから眺める本土とヴァンクーヴァー島の海峡は絶景だ。アラートベイをフェリーから眺めると、発着場から向かって右側が一般のカナダ人が居住する地域で、左側は先住民の保留地である。一般の人々の居住区のなかにトーテムポール公園やかつての先住民墓地があるため、どこからどこまでが保留地であるかは見た目ではわからない。しかし、島内を歩いてみると、保留地の家屋はかなり破損しており、決して豊かであるようには見えない。仕事や教育のために村を去る若者も多いようである。

アラートベイは、先住民によるサケやオヒョウの商業漁業で栄えた時期もあったが、最近は不況で漁船や漁業ライセンスを手放す先住民漁師も後を絶たないという。一方、アラートベイにはエコ公園やウミスタ文化センター（先住民博物館）があり、夏場には1万人を超す観光客がやってくる。また、世界一高い、52・7メートルもある電信柱のお化けのような細長いトーテムポールも存在している。

ウミスタ文化センターは、ポトラッチ禁止期の1922年にカナダ政府によって取り上げられたクワクワカワクの仮面など儀礼具を返還してもらい、それを保存し、展示するために1980年に開館した博物館施設である。また、そこには工房があり、若いアーティストが仮面や太鼓を制作している。村には、カヌー、トーテムポール、版画などを制作するアーティストがおり、観光と並ぶ重要な現金収入源となっている。

01 アラートベイの漁港と住宅地を望む（2010年2月）。

都市のコミュニティ

かつて先住民の主な生活の場は、カナダ南部にある都市から遠く離れた保留地であった。しかし、

２００６年の国勢調査の結果を見てわかるように、先住民人口の54％は故地を離れ、都市地域に移り住んでいる。たとえば、ウィニペグには約５万２０００人、エドモントンには約５万２０００人、ヴァンクーヴァーには約４万人が住んでおり、西部の主要都市には多数の先住民が居住している。すなわち現在では、カナダの主要都市が先住民の生活の舞台になってきている。

私は都市在住先住民について、モントリオールで何度か調査を行った。２００６年現在、総人口３５０万人あまりのモントリオール地区には約１万６０００人の先住民が住んでいる。モントリオールには先住民団体の会長や会社の重役から先住民団体の職員、政府の役人、学生、治療中の病人、サラリーマン、アーティスト、無職の者、ホームレスまで多様な先住民が住んでいる。中流階層に属する先住民は、郊外に一戸建ての家に住み、ほかのカナダ人と大差のない生活を送っている。一方、無職者やホームレスの人々は、ダウンタウンにあるモントリオール先住民友好センターを情報交換の場として活用しながら生きている。また、夏の観光シーズンになると目抜き通りで、小銭を乞う先住民や公園で夜を明かす先住民などを多数、目にすることがある。彼らが生きていけるのは、食事や寝る場所、シャワー、洗濯のサービスを提供する教会や慈善団体が多数あるからである。

先住民に会いたい人は、ダウンタウンにあるモントリオール先住民友好センターを訪れるとよい。また、夏至の日にあたる先住民の日には、同センターでダンスが実施され、目抜き通りでは先住民によるパレードが行われる。さらに、ダウンタウンの特設会場では先住民の歌やダンスのパフォーマンスが行われるほか、モントリオール郊外の保留地であるカナワケではパウワウと呼ばれる先住民のお祭りが開催される。これらの行事には一般の市民や観光客も自由に参加でき、先住民の文化に触れることができる。

カナダ先住民の将来

カナダでは先住民が都市に移住し、生活の拠点を都市に移しつつある。現在のインディアン法や政治協定では、特定の保留地や領域に住む先住民のみを対象にした社会経済的な優遇措置がとられているにすぎないため、都市の先住民人口が増え続ければ、都市における先住民の経済問題や社会問題が深刻化する可能性がある。また、都市ではいわゆる伝統文化や母語を継承していない先住民の数が増えてきており、かつ出身集団が異なる先住民の接触の機会が増加してきたので、新たな先住民文化が生成されつつある。

（岸上伸啓）

16

フランス語世界への旅
言語へのこだわり

英仏二言語を公用語とするカナダでは、人口の約4分の1がフランス語を母語とし、その数は約700万人にのぼる。うちケベック州が約600万人と圧倒的多数を占めるが、他州にもフランス語母語者はマイノリティとして各地に存在する。

カナダにおけるフランス語の起源は過去のフランス人の入植にある。17〜18世紀前半に拡大を続けた北米フランス植民地は、英仏間の植民地戦争の結果、18世紀後半以降イギリスの統治下に置かれ、この地に残ったフランス系住民は苦難の運命をたどることとなった。圧倒的な英語環境のなかで、彼らは強い信念と情熱をもってフランス語を守り抜いてきたのである。今日フランス語とその文化が存在することは、カナダの魅力の一

カナダ各州・準州の面積と人口、および母語ごとの人口割合

州名（仏語母語者の多い順）	面積（km²）	人口（人）	仏語母語者の割合（%）	英語母語者の割合（%）	他の言語を母語とする者の割合（%）
ケベック州	1,356,367	7,546,131	79	7.7	11.9
ニュー・ブランズウィック州	71,355	729,997	32.4	64.4	2.5
オンタリオ州	907,574	12,160,282	4.1	68.4	26.1
プリンス・エドワード・アイランド州	5,684	135,581	4	93.3	2.2
マニトバ州	552,370	1,148,401	3.9	74	20.8
ユーコン準州	474,711	30,372	3.7	85	10.5
ノヴァスコシア州	52,917	913,462	3.6	92.1	3.8
ノースウェスト準州	1,140,835	41,464	2.4	76.8	19.9
アルバータ州	640,045	3,290,350	1.9	79.1	17.9
サスカチュワン州	588,276	968,157	1.7	85.1	12.4
ブリティッシュ・コロンビア州	924,815	4,113,487	1.3	70.6	26.8
ヌナヴト準州	1,932,255	29,474	1.3	26.5	71.2
ニューファンドランド・ラブラドール州	370,495	505,469	0.4	97.6	1.9
カナダ全体	9,017,699	31,612,897	21.8	57.2	19.7

出典：Statistique Canada（2006年国勢調査）

つであり、隣国アメリカと混同されがちなこの国に独自性を与えるところとなっている。

以下ではカナダのフランコフォン（仏語母語者）の主要3グループについて、その歴史や現状を旅してみよう。

ケベック

カナダのフランス語圏といえば、誰もがまずはケベックを思い浮かべるだろう。ケベック州は面積、人口ともにカナダ全体の約4分の1を占める重要な州であり、かつての北米フランス植民地ヌーヴェル・フランスの中心地であった。現在も州の人口の約80%をフランス語系が占める。

今日、北米唯一の城塞都市としてユネスコの世界遺産に登録されているケベック市旧市街。この地には1608年よりフラン

ス人の入植が開始された。1763年のパリ条約でイギリスへ譲渡された後には、約7万人の仏系の人々がこの地に残された。しかし、アメリカの独立運動を背景にイギリス政府がとった仏系融和策（1774年のケベック法）により、彼らのアイデンティティの要《かなめ》であるカトリックの信仰やフランス語の使用は許されたのである。また、高い出生率に支えられ、その人口は順調に増加し、ケベックでは常に多数派を占めていた。ただしケベックの仏系住民は、長い間、少数派のイギリス系住民による政治的、経済的な支配下に置かれていた。

1960年代には「静かな革命」により、フランコフォンたちが徐々に社会の実権を握るようになる。この時期急速な近代化と発展を迎えたケベックでは、1967年の万国博覧会開催、1976年のモントリオールでのオリンピック開催が世界の注目を集めた。民族としての自信と誇りを深めた彼らは、もはやフランス系カナダ人ではなく、ケベコワ（ケベック人）を自認するようになり、連邦からの分離独立運動も浮上してきた。

ところが近代化は出生率の低下をもたらした。また社会的上昇のためには依然として英語が必要とされ、仏系住民の英語化が進んでいた。そこで、ケベックにおけるフランス語の将来を保証するためにとられた措置が、フランス語を唯一の州の公用語とする1974年の言語法である。さらに1977年にはフランス語憲章（101号法）により、

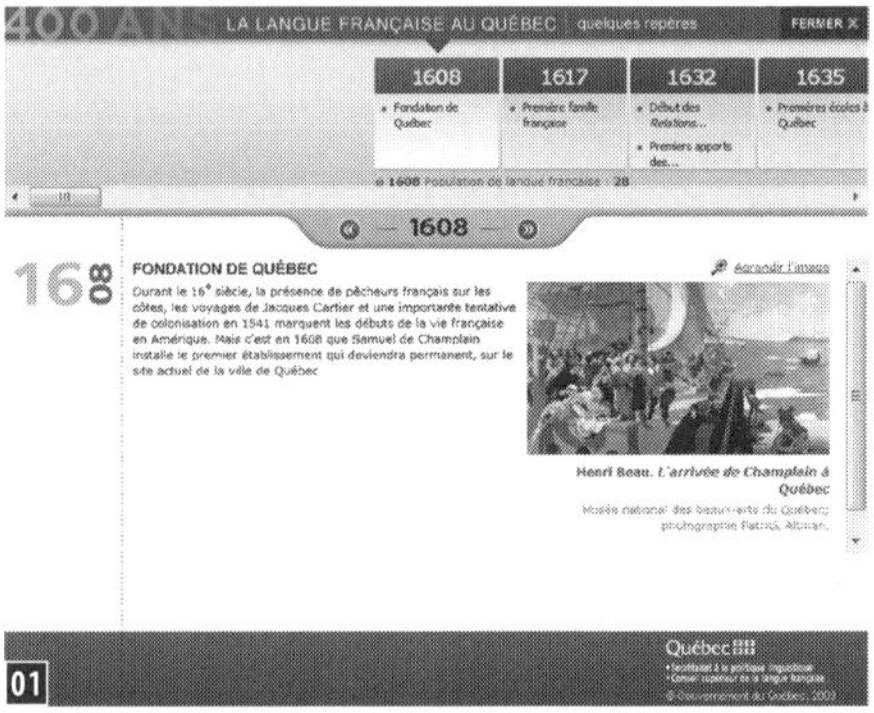

01 2008年にケベック州政府言語政策局が作成したケベックにおけるフランス語400年の歴史を紹介するインターネットサイト（http://www.spl.gouv.qc.ca/fileadmin/400ans/timeline.html）。

州内でのフランス語の使用が徹底された。街中の標識や広告は多くが英語であったものがフランス語に変わり、教育言語や企業内での使用言語もフランス語となった。ケベックを真のフランス語社会とし、フランス語人口の減少に歯止めをかけることに成功したのである。

今日のケベック州では、移民人口の増加によりアロフォンと呼ばれる仏語・英語以外を母語とする住民の割合が増えている。彼らをフランス語化する教育が熱心に行われ、また仏語系移民を優先的に受け入れる政策もとられている。今日のケベック人のアイデンティティは、仏系という民族性よりもフランス語という言語を主体とするものに変わってきている。

しかし英語が国際語として世界的に勢力を強めるなか、ケベックでも近年フランス語憲章を守らない英語での商業活動や広告が見られ、批判を呼んでいる。ちなみにケベック州の大都市はカナダ全土のなかでもっとも英仏バイリンガル率が高い地域である（全国平均17・4％、ケベック州では69％）。

ケベックで話されるフランス語は、独特の発音、語彙、統語上の特徴をもつ。18世紀以降フランスとの交渉が途絶えたなかでの言語的変遷や、英語との絶え間ない言語接触による影響により、カナダ固有の語法が生まれてきた。モントリオールなどではジュアルと呼ばれる民衆語も話されている。シュヴァル（馬）という単語のな

02 ケベック・フランス語局が作成したコンピュータ上でのフランス語使用を推奨するガイドブック。

まった発音からそう名づけられたこの言語は、かつては崩れたフランス語とみなされていたが、1960年代からミッシェル・トランブレーを中心とした文学者らが作品中に積極的に取り入れ、その価値を高めた。ケベックの人々の言語意識は高く、19世紀以降さまざまな語法辞典が編纂されてきた。今日ではケベック・フランス語局によってフランス語の質を保つための努力が続けられている。

アカディア人たち

ケベック州の東側、ノヴァスコシア半島西岸を中心とする地域は、かつてアカディー植民地と呼ばれ、1604年からフランス人が入植を開始した。自らをアカディア人と称したこの地の入植者たちは、しかし、英仏の植民地をめぐる抗争により運命を翻弄され、ついにはその土地を奪われ、離散させられたのである。

1755年に始まり8年間続いたイギリス系によるアカディア人追放（「大いなる混乱」）により、1万人を超えるアカディア人が、家族も散り散りに船に乗せられ、ニューイングランド（米北東部のイギリス植

03 アカディア人が追放前に集められたノヴァスコシア州グランプレの教会は、今日再建され、国立歴史記念公園となっている。教会前にはエヴァンジェリン像が立つ（撮影：デルメール・ジル）。

民地）やアメリカ南部などへと強制移住させられた。劣悪な条件下での船出により多くの者が命を落としたという。１７６３年以降、彼らは追放先から旧アカディーを目指して帰還を始め、現在の沿海３州、ニュー・ブランズウィック州、ノヴァスコシア州、プリンス・エドワード・アイランド州に分散して定住した。また一部は米ルイジアナ地方に定住し、ケイジャン（アカディア人がなまったもの）と呼ばれることとなった。

04 アンリ・ボーによる「アカディア人離散」図（１９００年作。モンクトン大学アカディア博物館所蔵）。

アカディア人の悲劇は、19世紀にアメリカの詩人ヘンリー・W・ロングフェロー（１８０７〜８２）によって長編詩『エヴァンジェリン』（１８４７）に詠まれ、広く知られることとなった。結婚前夜に婚約者と引き離され、生涯彼を探し続けるエヴァンジェリンは、アカディア人の民族的ヒロインとなっている。

長い間、英系社会のなかで抑圧と差別の対象であり続けたアカディア人は、19世紀後半以降、民族としてのアイデンティティの復興に目覚め、民族旗（赤白青の三色旗に金の星を配する）や民族歌が作られ、離散したアカディア人の民族大集会が開かれるようになった。プリンス・エドワード・アイランド州やニュー・ブランズウィック州のアカディア半島には、彼らの歴史や文化を伝える博物館や歴史村がある。

ニュー・ブランズウィック州では今日フランコフォンは人口の3割強を占める。同州は1969年以降、カナダ連邦内で唯一、英仏二言語を公用語とするバイリンガルの州となっている。

西部のフランコフォン

マニトバ州からサスカチュワン州、アルバータ州へと続くカナダ西部の平原地帯に仏系の少数コミュニティが存在する。彼らは、17~18世紀に毛皮交易のために西部へ進出したフランス系カナダ人と、19世紀後半から20世紀初頭にかけてカトリック教会の主導によりケベックなどから移住した開拓者たちの子孫である。この地域には、メイティと呼ばれるフランス系カナダ人と先住民（クリー人など）の混血のネーションも存在し、ミチフ語と呼ばれるフランス語とクリー語の混交語を話す。

マニトバ州は、ルイ・リエルを指導者としたメイティの蜂起の成果として1870年にカナダ連邦に加入し、英仏両語が公用語とされた。しかし、その後の20年間に起こった大量のイギリス系住民の流入によって仏系がマイノリティに陥ると、1890年、マニトバ州の公用語は単一の英語へと変更された。言語権を求めるフランコフォンたちの運動は、1960年代にようやく実を結び、フランス語での教育の権利が復活した。カナダ最高裁判所は1979年に、英語のみを公用語とした1890年の法律の無効を宣言した。その後、法文書や公的リービスの仏語化が求められている。

1970年代以降、ケベック以外のカナダ各州では、出生率の低下や英系との結婚の増加などによりフランコフォンの英語化が進んでいる。1960年代までは30％程度で推移していたカナダ全体のフランコフォンの割合は、現在22％にまで落ち込んでいる。フランス語や継承文化の維持を目指し、各地でさまざまな組織や団体が活動を行っている。フランス語の「生き残り」のための戦いは今日も繰り返されているのである。

（小松祐子）

17

多文化共生社会
マイノリティ文化との「妥当なる調整」

多文化都市モントリオール

カナダのなかでもっとも活気に満ちた多文化都市の一つは、ケベック州最大の都市モントリオールだろう。トロント、ヴァンクーヴァーとともにカナダにおける移民の三大定住先であり、ケベック州にやってきた移民の9割以上がモントリオール都市圏に集中しているという。街を歩けば、肌の色も出自も異なるさまざまな人々が行き交い、目抜き通りには各種エスニック・レストランが軒を連ねる。

こうした光景は、もちろんトロントやヴァンクーヴァーなどでも見ることができる。

一方で、これら2つの多文化都市と異なるモントリオールの特徴は、フランスやマグレブ諸国をはじめとするフランス語圏からの移民が多いことである。それは、フランス語がケベック州唯一の公用語であることと関係する。また、カナダといえば1970年代に他国に先駆けて「多文化主義（マルチカルチュラリズム）」を導入した国として知られるが、ケベック州ではこの言葉はあまり好まれていない。代わってよく耳にするのは、「インターカルチュラリズム」（フランス語の発音では「アンテルキュルチュラリスム」）という語である。なぜ、多文化主義ではなく、インターカルチュラリズムなのだろうか。

ケベックの側から見たとき、連邦政府や英語圏で推進する多文化主義は、イギリス系とともに〝二大建国民族〟である仏系カナダ人を多様な文化集団の一つにしかみなしていない、と感じているからである。加えて、多文化主義はさまざまな文化が単にばらばらに存在している状態を放置しており、そのためにマイノリティのゲットー化（一般の人が近づきがたい孤立した居住区をつくること）を招いているように映るようだ。

それに対してケベックの「インターカルチュラリズム」は、フランス語の共有を大前提としつつ、「インター」の語が示すように、異なる文化間の出会いと交流、そして摩擦を乗り越えるための対話を何より重視する。こうした姿勢は、ケベックの文化政策にも反映されており、多様な文化間の相互作用や融合のなかから画期的な文化芸術が生まれている。それを代表する一つは、日本でもなじみの深いシルク・デュ・ソレイユであろう。30年前に若い大道芸人らが始め、またたく間に世界的なパフォーミング・アーツに成長したシルク・デュ・ソレイユは、スタッフの出身国が40ヵ国を超える多文化集団である。公演作品のユニークな魅力は、まさにインターカルチュラルな刺激に満ちた創造の場で洗練されたものなのだ。しかも、その国際本部のあるモントリオールのサン・ミッシェル地区界隈には70以上ものエスニック集団が住んでいる。本部はこれら地元住民とも積極的に交流しながら、彼らのエンパワーメントや地域の活性化にも大きく貢献している。

文化間の調和への取り組み――「妥当なる調整」

他方で、多文化都市の日常の場面では、文化間関係の調和に向けた地道な取り組みの積み重ねが欠かせない。その一つとして注目すべきが、「妥当なる調整」と呼ばれる試みである。これは、マイノリティの文化的、宗教的な要求に対して、差異を尊重しつつ、当事者とホスト社会の双方が節度ある歩み寄りをしながら解決を目指そうとする考え方に基づいている。イスラームでいえば、たとえば人前で肌を見せることを禁じられている女子生徒が体育の授業に出たがらない場合は、規定の体操服を強要するのではなく、肌を覆うことのできる服装の着用を容認して授業参加をうながす。あるいは、職場で宗教的祭日のために休暇をとることや、病院で最期が近づいた入院患者のベッドをメッカの方角に向けたいとする希望なども、支障のないかぎり考慮される。

しかしながら、こうした調和の実践が、いつも問題なくモントリオールの人々に受容されてきたわけではない。実は数年前に、マイノリティの要求をどこまで受け入れるべきかをめぐって大論争が起こったばかりなのだ。その発端となったのは、2006年に市内のYMCAが、近隣に住むユダヤ教ハシディズム（敬虔主義）信者の要望で、肌を露出したトレーニングウェア姿の女性が見えないように、ジムの透明ガラスを曇りガラスに替えたことであった。ハシディズムはユダヤ教のなかでもきわめて厳格な宗派であり、信者側は子供の教育上の観点からガラスの取り替えを要求し、その経費も負担した。しかし、YMCAの一部の会員はこれを不服とし、即座に原状復帰のための署名活動を開始。このことがメディアで報じられると、ケベック社会に大きな反響を呼び、曇りガラスの是非を超えて、「妥当なる調整」全般に対する感情的なバッシング騒動へと展開していく。事態を重く見た当時のジャン・シャレ州首相は、ついには社会学者のジェラール・ブシャールと政治哲学者のチャールズ・テイラーという著名な2人の有識者を共同委員長とする諮問委員会を発足。「妥当なる調整」の現状と課題を探るための精力的な調査活動が実施される

01 「妥当なる調整」の発端となったYMCA。

に至るのである。
なお、この諮問委員会が２００８年に公表した報告書の縮小版は日本語にも翻訳されている。論争の背景や経緯、さらには多文化社会ケベックについて関心のある読者には、訳者解題もあわせて参照されたい（G・ブシャール&C・テイラー編『多文化社会ケベックの挑戦――文化的差異に関する調和の実践 ブシャール＝テイラー報告』（竹中豊・飯笹佐代子・矢頭典枝訳、明石書店、２０１１）。

02 ユダヤ教のハシディズム（敬虔主義）の信者。

「妥当なる調整」をめぐる論争発祥の場へ

２０１２年3月下旬、モントリオール滞在の機会を得た私は、パルク通りにあるとされる、くだんのＹＭＣＡを探す小さな旅を試みた。地下鉄ウートルモン駅から閑静な住宅街を通り抜けて歩くこと約15分、にぎやかな大通りに面した四つ角に、そのＹＭＣＡはあった。曇りガラスはすでに透明ガラスに戻されていたが、ジムの室内が外から見えないように、内側にブラインドが下がっているようであった。

あたりをゆっくり散策していると、黒のシルクハットに黒のスーツ姿の、一目でハシディズムの信者とわかる何人かの男性たちと行き会った。彼らは一様に、もみあげを剃らずに長くたらしている。同じく黒い清楚な服装に身を包み、ベビーカーを押しているハシディズムの信者らしき女性ともすれ違った。YMCAの横道沿いにはコーシャーフード（ユダヤ教で定められた清浄食品）の店やヘブライ語の書店が並び、こうした〝黒装束〟の人々が出入りしている。他方、YMCAの道を隔てた隣には日本食レストラン、正面向かい側にはイタリアン・レストランがあり、この界隈の多文化的雰囲気を醸し出している。通りを歩いている人々も、Tシャツにジーパン姿からビジネススーツの人までさまざまであり、数的にはハシディズムの信者よりもはるかに多い。

ここには、多様な文化的背景をもつ人々が、同じ空間を共有しながら普通に暮らす平穏な日常がある。そうした光景を見ていると、YMCAの曇りガラスをめぐる出来事のことなど、日本からわざわざやってきた物好きな自分を除いて、案外忘れられているのではないかと思えてくる。実際に、この出来事に端を発した騒動（論争）も、今ではすっかり沈静化し、「妥当なる調整」がメディアで取り上げられることもほとんどなくなったという。先述の諮問委員会の貢献もあり、論争を経て、地が固まりつつあるということができるのかもしれない。

ケベックの「インターカルチュラリズム」は試行錯誤の途上にあるが、文化の多様性を文化創造のダイナミズムや社会的、経済的活力の源泉として重視しつつ、多文化間の共生を図るための有効な方策として、世界的にも注目を集めつつある。多文化モントリオールへの旅は、その最前線の試みを探る旅でもあるのだ。

（飯笹佐代子）

18 イギリス系カナダ文化 そのルーツとは

イギリス系カナダとは難しい用語である。もっとも狭義には、それはイングランド系カナダを指すであろう。一般的には、イングランド系だけでなく、スコットランド系、アイルランド系、ウェールズ系などを含むイギリス系カナダと考えられている。さらに、18世紀末から19世紀前半のカナダの植民地初期においては、国境の南側からやってきたアメリカ出身者が少なからず存在した。これらを含めた、広義での「イギリス系カナダ」はどのように形成されたのか。

イギリス系カナダの起源

「タラとビーバー」、それがヨーロッパ人にとってのカナダの魅力であった。イギリスも15世紀末までには、ニューファンドランド沖の豊かな漁場で、漁を始めていた。また、1670年には、毛皮交易のためハドソン湾会社が創設された。しかし、漁師は漁期に滞在していただけであったし、毛皮交易の場合も、先住民が狩りをした獲物を交易の拠点で取引していたので、イギリス人の定住地は拡大しなかった。

　1713年に最終的にフランス領からイギリス領となった大西洋岸のノヴァスコシア植民地（旧アカディー植民地）では、当時フランス系のアカディア人が多数を占めていた。そこで、1749年にハリファックス建設のため、イギリスから約2500人を送り込み、ようやくまとまったイギリス系の定住地ができた。

　さらにイギリス人が入植するきっかけとなったのは、アカディア人追放だった。1754年に北米での英仏最後の戦いとなった、フレンチ・アンド・インディアン戦争（七年戦争）が勃発した。ノヴァスコシアで多数派だったアカ

01 カナダ総督邸前の衛兵交代（オタワ）。宗主国イギリスの衛兵交代と似ているが、堅苦しい雰囲気ではない。格好は同じとはいえ、いかにもカナダ的で、のどかな風景だ（撮影：竹中豊）。

ディア人は、フランスにもイギリスにもつかず、中立を保つとしていた。こうしたなか、開戦直後はフランスが有利だったため、ノヴァスコシア総督は、彼らにイギリスへの忠誠を誓うことを強要した。しかし、アカディア人がこれを拒否したため、１７５５年にこの地から追放された。残されたのは、彼らが耕した肥沃な農地だった。これを目当てに、イギリスから移民が到来したのだ。実はイギリスからの移民は、多くがより過ごしやすい南のアメリカ13植民地に移動してしまった。その地にとどまっていたのは、13植民地のニューイングランド出身者で、１７６７年にはノヴァスコシアの非先住民人口約1万１８００人のうち、半分を占めていた。

王党派《ロイヤリスツ》の到来――イギリス系カナダの形成

１７６３年にフランスがフレンチ・アンド・インディアン戦争に敗れた結果、イギリス領となったケベック植民地には、約7万人のフランス系住民がいた。これに対し、同植民地内のイギリス系は主にアメリカ出身の商人で、１０００人にも満たなかった。

この状況を一変させたのがアメリカ独立革命である。１７８３年以降、独立革命に反対した王党派のうち約4万５０００人が、英領北アメリカ植民地（のちのカナダ）へ到来したのだ。約3万５０００人は大西洋沿海地方に定住し、１７８４年には新たにニュー・ブランズウィック植民地が創設された。残りの約1万人は、ケベック植民地の西部、セントローレンス川上流からオンタリオ湖、エリー湖北岸に定住した。この地にはその後も続々と土地を目当てにアメリカ合衆国からの移民が到来し、1791年、ケベック植民地はフランス系のロワー・カナダ植民地（現ケベック州）と、イギリス系のアッパー・カナダ植民地（現オンタリオ州）に分割された。つまり、当初のイギリス系カナダは、イギリス本国から直接来たイギリス人より、むしろアメリカ出身者によって主に構成されていたのである。

イギリス人移住の本格化

ようやく本国イギリスから多くの移民が英領北アメリカにやってきたのは、1812年戦争終結後である。1815〜50年の間に合計80万人近い移民が到来し、英領北アメリカ植民地の総人口は50万人未満から300万人まで増加した。イギリスは、カナダでも本国の階級社会を再現するため、農民の指導層となる元将校やジェントリーに土地を与えて移住を奨励した。また、戦争終結後の不景気と深刻な失業のため、貧困層も豊かな生活を夢見てカナダへ移住した。イングランドの地方出身の労働者やスコットランドの職工や農民、さらに、1845〜48年のジャガイモ飢饉によりアイルランドから大量の農民が押し寄せた。この時期のイギリスからの移民は、端的にいって、英領北アメリカのイギリス化に大きく貢献したといえよう。

「小麦ブーム」――第二次イギリス人移住

1867年にドミニオン・オブ・カナダが誕生したとき、この新しい国の繁栄のためには人口増加が必要であった。しかしイギリスからの移住者はかつてほど増加せず、入国する移民よりアメリカへの出国者が上回る状況であった。転機は、1896年、世界経済が長期的な不況から脱し、「小麦ブーム」といわれた好況期に入ったことである。カナダの平原地域は、1909年の小麦の品種改良にも後押しされ、ヨーロッパや北米の工業都市に食糧を供給する小麦地帯となった。カナダ政府も、積極的にこの地域への移民誘致を行った結果、人口500万人であったカナダに、1896～1914年の間にはおよそ250万人が移住者として押し寄せた。

この時期の移民は、まだイギリス出身者が約100万人、合衆国から75万人（ただし合衆国に移住し、戻ってきたカナダ人も含む）とイギリス系が優勢であった。とはいえ、ドイツ、スカンジナヴィア、ロシア、ポーランド、ウクライナ、オーストリア、イタリアからも移民が到来し、カナダがイギリス系・フランス系からなる二民族国家から、多民族国家に変容していく時期でもある。とくに、マニトバ、サスカチュワン、アルバータの西部3州では、多民族化が進行したが、もっとも望まれた移民は、やはり主流のイギリス系カナダ社会に溶け込みやすいアングロサクソン系であった。

第二次世界大戦後のイギリス系移民

第二次世界大戦直後の1945〜61年に、カナダへは210万人以上の移民が到来した。戦争の傷跡の色濃いイギリスから移住した知的職業人、専門技術者は、カナダ国立映画庁、カナダ放送協会、文化・学術振興のためのカナダ評議会といった組織で重要な役割を果たした。また、ナショナル・バレエ団や、シェークスピアを中心とする演劇の祭典、ストラトフォード・フェスティバルなどの芸術活動において貢献をした芸術家もいた。アメリカからは、1960年代に、ヴェトナム戦争に反対して約3万人の徴兵忌避者、逃亡兵や知識人がカナダに到来した。しかし、これが20世紀最後の目立ったイギリス系移民の波である。なぜなら、1962〜67年の移民法改正によって人種差別的な規制がほぼ撤廃され、それ以降今日まで、ますます移民の多様化が進んでいるためである。

イギリス系カナダ社会の特徴

イギリスよりイギリスらしい、と言われるのはブリティッシュ・コロンビア州の州都ヴィクトリアだ。しかしその一方で、カナダ全体を見ると、とくにイングランド系は他のエスニック・グループのようにまとまって定住せず、おのおのが既存の定住地に溶け込んでしまい、エスニック・グループとして目立っている例は少ない。

地域的なまとまりよりも、職業的なまとまりのほうが顕著かもしれない。カナダ実業界は長らくイギリス系カナダ人によって支配されており、行政においても、当然ながら彼らは植民地期から傑出していた。コンフェデレーション（連邦結成）以後、首相となったのも圧倒的にイギリス系が多い。しかし、詳しく見ると、初代首相ジョン・A・マクドナルドをはじめ、カナダの有力政治家にはスコットランド系が多かったので、狭義の意味ではイギリス系とはいえないことになる。

とはいえ、イギリス系カナダ社会がイギリスの伝統を今日まで深いレベルで受け継いでいることは明白である。これが明確に表れているのはカナダの政治制度である。おもしろいことに、下院の名称はイギリス同様、庶民院（House of Commons）であるが、上院は、貴族のいないカナダには合わないということで、アメリカと同じくSenateという名称を使う。ただし、アメリカと違い、カナダの上院が任命制であるのは、イギリス式といってよい。カナダは、その実情に合わせて、英米両方の政治制度を組み合わせているといえよう。思想面でもこの両国の影響を強く受けてきた。

さまざまな制度や組織においても、イギリスの影響が色濃い。法制度では、フランス民法が維持されているケベック州を除く9州での民法は、イギリスのコモンローを土台としており、裁判制度もイギリスのモデルを継承している。カナダ連邦騎馬警察の前身であるノースウェスト騎馬警察は、イギリスの軽騎兵隊をモデルとしており、赤十字、ボーイスカウト、ガールガイドのような諸組織もイギリスから持ち込まれたものである。

また、カナダの労働組合は、イギリスとアメリカの影響を受けつつ展開され、その形式も、両国の労働組合が混合されたものとなっている。

イギリスとアメリカからの遺産を引き継ぎながら、さまざまなエスニック・グループが加わることによって、カナダ社会はさらに変化していった。イギリス系カナダ人の人口に占める割合も建国期からするとかなり減少したが、彼らが培ってきたカナダ社会のさまざまな制度、文化への影響は今後も引き継がれていくことであろう。（木野淳子）

19

フランス系の文化遺産
現代に生きるカトリック教会

フランスとケベックとカトリック教会

カナダの東、セントローレンス川に面したケベック市に、北米大陸にありながらヨーロッパの古都を思わせる旧市街がある。そこには小規模のミュージアムがいくつかあって、ひっそりと訪れる人を待っている。そのなかの一つ、「ミューゼ・デ・ウルスリヌ・ド・ケベック」を訪れた。そこには1639年にフランスから最初の女子修道会として渡来した聖ウルスラ会の足跡が展示されている。この聖ウルスラ会は、当時のフランスで女子教育に従事している会であった。ケベックがフランス系社会として今日まで存続し得たのは、徐々に形成されていったカトリック教会の教区組織と、この時点で始まった教育修道会の学校教育によるところが大きかった。

ヌーヴェル・フランスとしてケベックは、イギリスに占領されるまでの150年余の間に、カトリック教会が社会的にも政治的にも重要な役割を担う社会慣習を定着させてきた。これを可能にした要因の一つが、ケベックの実質的な教育行政権をカトリック教会が掌握したことであった。子供たちの教育はカトリック教会傘下の学校が担当し、その学校経営のために教区内に学校委員会が設置された。多くの場合、これらの学校運営は修道会に委託された。また、独自の学校を経営する修道会もあった。人口が増加するにしたがって、修道会の数も会員数も増加していった。

イギリス領となってもイギリスは国教を強要せず、1774年の「ケベック法」によってカトリック教会の存続を認めた。これはケベックがアメリカ独立運動に加担することを防ぐためであったといわれる。しかし、徐々にイギリス系の移住者が増加した。アイルランド系の移住者の多くは

01 ケベック市中心部にある聖ウルスラ会本部。向かって左側の像は、創立者マリー・ド・レンカルナシオン（撮影：竹中豊）。

02 貧者への施しと慈愛活動を示した図。ケベック・カリタス修道女会のメゾン・マレにて（撮影：竹中豊）。

カトリックであったが、大部分のイギリス系移住者は英国国教会やプロテスタントの信者であった。そこで、プロテスタント系学校委員会が設置され、イギリス系移住者のための学校が開設されていった。その結果、カトリックとプロテスタントの宗派別学校が同一地域内に存在するようになり、この制度は１８６７年憲法によって法的根拠を得ることとなった。なお、宗派別学校制度は条件を満たしたカナダの他の州にも適用された。

教会が中心となった生活圏、教会が主導する学校や病院や社会福祉施設、味わいの深い教会建築など、17世紀初頭にフランスから渡ってきたカトリック的な文化遺産はケベックのフランス系社会に根を下ろし、20世紀まで伝わってきたのである。

教会の傘下から離れていく学校

このカトリックを中心とするケベックの社会慣習を根底から揺さぶったのは「静かな革命」であった。すでに、いわゆる現代化の流れはケベックの社会に変化をもたらしていた。若者の都会への流出は教会を中心とした社会構造を弱体化し、19世紀から20世紀にかけてヨーロッパで新たに起こった思想運動の影響も無視できなくなった。この流れを加速化したのは第二次世界大戦後の移住者の急増で、住民の宗教の多様化が表面化し、キリスト教教会がカトリックとプロテスタントに分かれて学校教育行政を掌握していることが社会の現実とはそぐわなくなっていた。

　1960年代になると、ケベックでは「静かな革命」が起こり、一方、カトリック教会では、全世界からの代表を一堂に会したバチカン公会議が開かれ、教会内部の刷新とキリスト教諸派の関係改善という方針が示された。ケベックのカトリック教会もこの刷新の機運に大きく影響された。もっとも大きな改革は、カトリック教会の存続のために大きな役割を果たしてきた学校制度の改革で、州に教育省が設置され、州政府が学校教育行政権を全面的に掌握することとなった。教育委員会と学校は依然としてカトリック系とプロテスタント系の宗派別であったが、1997年の1867年憲法改正によって宗派別学校設置制度は廃止

03 セントローレンス川沿いにある伝統的なカトリック教会。カムラスカにて（撮影：竹中豊）。

04 ケベック市のノートルダム大聖堂の内部（撮影：本間昌策）。

された、これに代わってフランス語と英語の言語別学校教育制度が導入された。フランスの植民地時代から続いたケベック州のカトリック系学校教育が公教育の場から姿を消したのである。しかし、カトリック系の学校が私立学校として存続することは可能であった。

変化していく教会

「静かな革命」は、教育制度改革にも見られるように、ケベック社会におけるカトリック教会の位置づけを大きく変えた。この変化は日常生活においても感じられた。たとえば、社会事業や教育事業などに従事していた多くの修道女は、日常的に街で人々とすれ違う機会が多かった。公会議によって修道服の着用義務が廃止された結果、街で修道服を着た修道女に遭遇する機会が急に減ったことが変化の象徴のように思えたと、回顧する人もいた。

この政治的・社会的な大きな変革のなかで人々の意識も変化し、とくに都会では教会離れが進んだ。フランス系住民の出生率の急激な低下もカトリック人口の減少を加速化させた。以前はカトリック的社会として地域の住民の大多数が訪れていた教区の教会は、信者の減少によって統廃合を余儀なくされるケースが見られるようになった。また、財政難や会員の減少などにより、修道院の建物を売却する修道会もあった。このような縮小現象が見られるようになった一方、フランス以外の国々からのカトリックの移住者が増加した。ケベックのカトリック教会は多民族の教会となって存続し、宗教活動を基盤に社会のニーズに応じた活動を今もなお展開し続けている。

一方、ヌーヴェル・フランスとして歴史に登場したケベックは、カナダのカトリック教会のいわば本拠地となり、そこから西へ向かった宣教師たちもいた。その足跡は古いフランス語的地名にも残っている。その後、西部諸州でもカトリック教会が増加し、ケベックに本部を置く修道会も会員を派遣した。このほか、早くからフランス以外の国々の修道会も会員を派遣するようになっていた。最近の例では、1988年にインドのマザー・テレサの修道会が会員を派遣した。この修道会は2011年、長年ヴァンクーヴァーの貧困地区において無料ランチサービスなどの支援活動をしてきたアトンメント会がこの地を去るにあたり、その活動を引き継ぐこととなった。

モントリオールにある日系人の教会

モントリオールには日系人のためのカトリック教会「聖ポーロ茨木教会」がある。この教会はカナダにおける日系人の歴史と深くかかわっている。設立当時の事情はその歴史録に詳述されている。

第二次世界大戦中、カナダの西海岸地域に居住する日系人は内陸への移住が強制された。縁故を頼るなどして東部へ移住できた人々以外は、ロッキー山麓の収容所に収容された。その数は1万人を超えた。彼らは、財産は没収され、日常生活は奪われ、わずかの手荷物のみを携えて収容所に移動した。この惨状を見かねた仏教やキリスト教などの宗教団体が援助した。カトリック教会も援助の手を差し伸べた。

実は、ケベックのカトリック教会と日本の関係は深く、１００年を超える歴史がある。日系人の強制移動の報に接した日本の滞在経験を有するフランシスコ会の司祭たちは、さっそくケベックから長旅を経てロッキー山麓へ赴き、どのような支援ができるかを調べた。その結果、数千人もいた子供たちの教育について、政府は初等教育しか補助せず中等教育の年齢の子供の行く学校がなかったことを知り、この学校教育の空白を埋めることに奔走した。この要請に応じたケベックに本部を置く聖母被昇天会、天使の聖母会、クリスト・ロア会が収容所に会員を送り、ハイスクールを設立するなど、子供たちに中等教育を受ける機会を提供した。なお、ヴァンクーヴァーで日系人のために活動していたアメリカ合衆国に本部を置くアトンメント会も、強制移動となった日系人を献身的に助けた。

第二次大戦終結後も、日系人は戦前住んでいた西海岸地帯への帰還は許されず、東への移動が求められた。すでに政府は日系人を各地へ分散する政策を策定、実施し始めていた。こうして、遠いモントリオールに移住する人々がいた。会員を収容所の日系人援助に派遣していたフランシスコ会は、終戦までとどまれずに一足早くケベックに戻っていたクリスト・ロア会会員とともに、モントリオールに移住した日系人の支援に尽力することとなった。

フランシスコ会は、終戦を待たずに、日系人受け入れのためにカトリック・ホームを開設する計画を検討し始め、その実現に貢献した。クリスト・ロア会は日系女性のためにラファエラ・ハウスを開いた。このほか、無原罪聖母会は日系人の個別訪問を実施、ドミニコ会は日系人に解放するスポーツセンターを開設するなど、いくつもの修道会が日系人に手を差し伸べた。このような動きのなかで日系人のための聖堂もできたのである。これを前身として、1963年に日系人のための教会「聖ポーロ茨木教会」が誕生した。

その後、1995年、この教会の建物は、モントリオール日系カナダ文化センター（JCCCM）に、一部を教会が使用することを条件に売却された。以後、その建物のなかで、「聖ポーロ茨木教会」は日系人のための教会として、異文化交流を視野に入れつつ活動を展開している。

フランスがもたらしたカトリック教会は、ケベック社会に根を下ろすとともに、カナダ全土に広まり、宗教の多様化が進行する現代カナダ社会において、地域に適応しつつ存続している。

（小林順子）

20 カナダ多文化主義 法学者からの柔らかい眼差し

多文化社会から多文化主義への旅

連邦首都地域、オンタリオ州オタワと対岸ケベック州ガティノー。この街を旅すると、カナダ国旗を高く掲げた連邦政府機関や施設が数多くあり、そこでは、あらゆるサービスを英仏両言語で受けられる。これは、多文化社会カナダの一つの顔だが、ここで大切なのは、カナダが事実として多文化社会であるにとどまらず、連邦が多文化主義を政策として定め、さらに、法制度化している国だということである。

世界には、異なる文化をもつ人々が住む国が数多く存在しており、そのいくつかは多文化主義政策を標榜している。だが、連邦憲法で「多文化の伝統（ヘリテージ）」に言及し、連邦議会制定法「カナダ多文化主義法」をもつカナダは、唯一無二の存在である。どうしてカナダは、この仕組みをもつようになったのだろうか？　カナダの多文化主義政策と法とは、どのようなものであろうか？　カナダ多文化主義への旅へ出てみよう。

17世紀から18世紀へ

17世紀初頭、英仏両国は、それぞれ北米植民地建設を始めた。当初は地域的棲み分けをしていた両国だが、次第に覇権争いが激化し、17世紀末から18世紀にかけて、数次の武力衝突が起こった。そして両国は、オハイオ川周辺の先住民領の争奪戦「フレンチ・アンド・インディアン戦争」（1754〜63年）で、ついに全面衝突した。

数年に及んだ戦闘はイギリスの勝利に終わり、1763年には終戦条約であるパリ条約が締結されたが、これによって、フランスは北米大陸植民地のすべてを失い、ミシシッピ川以東はイギリス領となった。そこで問題となったのが、現在のケベックとオンタリオを含む旧フランス植民地（ヌーヴェル・フランス）に住んでいた人々への対応であった。当初イギリスは、イギリス化を求める同化政策を採用したが、アメリカ13植民地に独立の機運が高まると、ケベックを味方につけるためにこれを放棄し、カトリック信仰と教会の特権的地位、フランス型民法と財産制度等を認めるケベック法（1774年）を制定したのだった。

このようにして、のちにカナダを構成するイギリス植民地には、フランスの文化伝統を受け継ぐことを政治的・法的に認められたケベック植民地と、それ以外のイギリス系植民地が混在することになった。

二言語・二文化主義から二言語・多文化主義へ

アメリカ独立後、イギリスは残った北米植民地の再編を進めたが、１８６７年に現在のカナダの基礎となる形が定まった。つまり、イギリスは１８６７年英領北アメリカ法（現在の１８６７年憲法）を制定して、ケベック、オンタリオ、ノヴァスコシア、およびニュー・ブランズウィックの４州からなるドミニオン・オブ・カナダを創設したのである。同法は、州に相当広い権限を与え、ケベック州では、引き続きフランス的文化伝統に基づく統治が認められた。結果、英仏両系の言語と文化を認める二言語・二文化主義がカナダの政策となったのである。

しかし、その後、他州の経済が飛躍的に発展したのに比して、ケベックは伝統的な社会構造を維持していたために、そこから取り残されてしまい、仏語系の人々の不満が高まっていった。そこで、統合の危機を感じた連邦政府は、１９６３年に二言語・二文化主義調査委員会を設けて、事態の打開を目指した。この委員会活動は、一方では、英仏両語を連邦公用語と定める１９６９年の公用語法に結実したものの、他方では当初の予想を超えて、英仏両系以外の人々の不満と、これらの人々が置かれている状況を明らかとするものとなった。その成果が、1969年に発表された『他の民族集団の文化的貢献』と題する報告書である。

この報告書を受けた連邦政府の新政策が、二言語・多文化主義である。1971年、連邦首相ピエール・トルドー（1919~2000）は連邦議会で演説し、二公用語の枠内での多文化主義を宣言した。彼は「2つの公用言語は存在しているが、公式の文化なるものは存在しないし、いかなる民族集団も他の民族集団に優越しない。あらゆる市民・市民のグループは、カナダ人以外の何者でもなく、公平に扱われなければならない」と述べ、さらに、文化集団に対する連邦政府の支援、すべての文化集団メンバーの社会参加支援、文化集団間の交流による国家統合など4つの政策方針を示したのだった。

政策から法へ

こうしてカナダは、多文化主義政策を掲げる国となったが、その挑戦はさらに続いた。1982年、カナダは、従来からの1867年憲法に加えて、1982年憲法をもつことになった。1867年以来、カナダは徐々に自治権を拡大し、事実上は「国家」となっていったが、憲法改正権だけはイギリス本国議会がもち続けていた。そこで、カナダの要請を受けたイギリス議会は、カナダに対する最後の立法として1982年憲法を定め、憲法改正権を完全にカナダに移管したのだった。この1982年憲法は多くの特徴をもつが、その一つが「この憲章は、カナダの多文化の伝統の維持、発展と一致する

01 カナダ連邦議会下院本会議場議長席（出典：Library and Archives Canada / C-001998, MIKAN no. 3319783）。

ように解釈されなければならない」と定める多文化主義条項（第27条）である。こうして、１９７１年のトルドー首相の宣言から11年を経て、カナダは、多文化主義を憲法のなかに取り込んだのである。

　さらに連邦議会は、１９８８年にはカナダ多文化主義法を制定した。この法律は、１９７１年の宣言を発展させたもので、人種・民族的出自・皮膚の色・宗教の多様性をカナダ社会の基本的特徴と位置づけ、連邦政府が、すべてのカナダ人の平等に努力すること、そしてカナダの多文化の伝統を維持し発展させる多文化主義政策を行うことを定めている。具体的には、連邦政府機関に対して、多文化主義を推進する各種事業を実施することを命じており、これには、政府機関での雇用と昇進の平等保障、個人と集団がカナダ社会の持続的発展に寄与できるよう能力を向上させる事業等が含まれている。また、英仏両言語を公用語とすることに変更はないが、その他の言語使用の維持・発展も政策として定められている。

　ところで、このような政策から法への発展の背景には、何があったのだろうか。１９７１年に宣言が出された後、カナダ社会の規模は急速に拡大した。１９７１年に２１５

0万人強であった人口は、1986年には2610万人強に増加しているが、その大きな要因が移民、とりわけアジアを中心とする発展途上国からの移民の増加である。この傾向は現在も続いており、2010年に新たに永住権が認められた人の出身国トップ3は、フィリピン・インド・中国で、この3ヵ国だけで全体の35％近くを占めている。その結果、英仏以外の文化を背景とする人々が急速に増加する一方で、こうした人々が外観上区別できるヴィジブル・マイノリティであるために、新たな社会的差別や格差の問題も生じることとなった。そこで求められたのが、文化振興政策を超え、現実の社会問題に対応する政策としての多文化主義政策であり、その裏づけとして法律が必要とされた、ということができるだろう。

このようにして見ると、1982年憲法とカナダ多文化主義法の定め方に、やや違いがあることも理解できる。もちろん、憲法は国の最高法規であって、あまり細かいことは定められておらず、多文化主義法には詳細な規定があるという違いは当然としても、より新しい立法である多文化主義法をあらためて見ると、担当大臣に対して、民族・文化的少数者コミュニティに対する差別的障壁克服支援を義務づけるなど、連邦政府が現実の社会問題に取り組むよう設計されていることが読み取れるのである。

法制度化された多文化主義の悩み

このように、カナダは、多文化主義を法制度化している。ここにそのユニークさがある一方で、悩みも生まれてしまった。こうした点を知って、次に訪れたときに、どうなったのかを見ることもまた、旅の醍醐味だろう。そこで最後に、法制度化された多文化主義をめぐるカナダの悩みを見てみよう。

そもそも多文化主義は、きわめて多義的である。ある政策が、一方で多文化主義的と評価され、他方で反多文化主義的と評価されることも珍しくない。だが、政治的宣言としての多文化主義であれば、多数決でその内実を決めることもできるし、微妙な問題については手を出さないという選択も可能である。これに対して、カナダのように法制度化、とりわけ憲法化された多文化主義では、その意味内容が、裁判という形で争われ、確定してゆくことになる。これは、多数決に意見を反映しづらい少数派文化の維持・発展にとっては、大変有効な手段である。だが、「カナダの多文化の伝統の維持、発展」には、当然に具体的政策プログラムの立案・実施が必要であるにもかかわらず、裁判所には、そうしたことを行う力はない。また、そもそも選挙で選ばれていない少数の裁判官に、多文化主義の内実を決定させることにも疑問の声がある。

そこで、制憲当初から１９８２年憲法第27条の性格を訓辞的なものと理解し、個別具体的な事件を解決するためには解釈・利用すべきではない、という意見が有力に主張されたが、裁判所、とりわけカナダ最高裁判所は、個別具体的事件解決のいわば「鍵」として、同条を用いてきている。ここに法制度化されたカナダ多文化主義の悩みが示されている。

そこで、一例として、1986年のエドワード図書美術品店事件カナダ最高裁判決を見てみよう。この事件では、小売業休業日法（オンタリオ州法）が、日曜日を休業日と定めていることが問題となった。現在のキリスト教では、主日・日曜日が安息日と同一視されているが、ユダヤ教では土曜日を安息日、イスラーム教では金曜日を休日としており、法で日曜日を強制休業日とすると、キリスト教以外の信仰者は、戒律と法によって2日の休業を余儀なくされる。これは、信教の自由や平等権を侵害しないだろうか。

02 カナダ最高裁判所大法廷でローブを着用する裁判官（出典：National Film Board of Canada. Phototheque / Library and Archives Canada / PA-206918, MIKAN no. 3588500）。

　最高裁の結論は、同法は1982年憲法に違反しないとするものであったが、多文化主義条項の扱い方をめぐって、裁判官の意見は大きく分かれた。判決では、第一段階として、日曜強制休業が信教の自由や平等権を侵害するかが検討され、第二段階として、これらの侵害が生じている場合であっても、自由で民主的な社会における例外的人権制限規定（第1条）が適用されるかが検討されているが、まず3名からなる法廷意見は、第一段階での信教の自由侵害を認める根拠としてのみ第27条を用いて、合憲判断を下した。別の裁判官２人は、第二段階で、例外としての人権制限を否定する根拠に第27条を用いて、違憲と判断した。さらに別の２人は、その立論に第27条を利用していない。

この意見対立が意味するのは、多文化主義を憲法制度化すること、とりわけ司法審査基準とすることの困難さであろう。抽象的な理念としては争いがない「カナダの多文化の伝統の維持、発展」であっても、その具体的意味を、司法判断を通じて確定することは、大変難しい作業であり、だからこそ最高裁判所の裁判官ですら意見が分かれてしまったのである。しかし、カナダは、すでに前人未踏の地に踏み出した。法制度化された多文化主義の挑戦は、悩みを抱えつつも、なお続いている。

（佐藤信行）

第4部

「カナダの政治舞台」を旅する

21

連邦議会の舞台
カナダの政治文化

パーラメント・ヒル

首都を象徴する連邦議会議事堂は、オタワ市中心部の北、「パーラメント・ヒル」と呼ばれる一角にある。議事堂は１８５９～６６年の間に建設されたが、１９１６年の火災で図書館と北西部分を除く大部分を焼失した。現在の建物は１９２２年に再建されたもので、「ピースタワー」と呼ばれる時計塔は１９２７年に建立された。

時計塔がある建物はセンターブロックと呼ばれ、西側に下院、東側に上院の議場がある。議員事務所のほか、３階には首相の執務室も置かれている。センターブロックの東と西には、それぞれイーストブロック、ウェストブロックと呼ばれる建物がある。昔は官僚が詰めていたが、現在では主に議員事務所として使われている。

議事堂前のウェリントン通りをはさんだ向かい側には、ランジュバンブロックと呼ばれる建物がある。ここには、首相府と枢密院事務局という首相を補佐するための中枢機関が入っている。

イギリスの影響

政治文化とは、政治や政府のあり方に関する社会の信条や態度を意味するが、連邦議会議事堂の建物や空間にもそれは反映されている。

まず、議事堂を眺めていると、イギリスの国会議事堂であるウェストミンスター宮殿に雰囲気が似ていることに気づく。両方ともネオゴシック建築であることもあるが、カナダは英連邦の一員であり、イギリス国王または女王を国家元首とする立憲君主制の国である。そのため、同国政治文化の影響を強く受けている。イギリスの議院内閣制の伝統に倣《なら》い、連邦議会は、君主、上院、下院の三要素から構成されている。このことは、上下両院の議場に加えて、上院議場に玉座が置かれていることからもわかる。議会内での君主の存在は、行政権と立法権を融合させる議院内閣制の特徴を象徴している。イギリスと同様、カナダでも行政権は君主に属するが、カナダ国王はイギリス国王または女王が兼ねているため、国王不在の際は総督が名代を務める。総督による行政権の行使は、

01

01 連邦議会下院議場。

実際には首相の助言に基づいて行われる。行政権が君主に属していることを象徴的に表すのが、連邦議会の会期が始まるたびに行われる玉座演説（スローン・スピーチ）である。これは施政方針演説に相当するもので、首相によって用意された原稿を総督が読み上げる。

また、与野党が対面するかたちをとる上下両院の議席の配置にもイギリスの政治文化の影響が見られる。議長の右側に与党が座り、左側に野党が陣取る。下院では、首相の真向かいに野党第一党党首が座る。これは、与野党の討論をうながすための空間的演出であるだけでなく、与野党の役割に関する政治文化が存在する。イギリス型の議院内閣制では、政府は下院の信任を得ながら君主の行政権を執行する。政府は下院に対して説明責任を負っており、これを担保するのが「君主に忠実な野党」の第一義的な役割とされている。

そのための制度的な措置の一つが、クエスチョン・ピリオドである。会期中、月曜日から金曜日まで毎日行われ、野党は、政府の行動、政策に関する質問を自由にすることができる。与野党間で激しい議論の応酬が行われる。個人攻撃に陥ることを避けるため、発言は議長に対してなされ、個人名ではなく肩書きや選挙区の名前で呼び合うのが慣例となっている。

このような対立型の議会は、一、大政党制、多数派政権を誕生させやすい単純小選挙区制によっても促進されている。しかし、1990年代からは多党制が際立つようになり、今世紀に入ってから少数政権が3回誕生するなど、選挙制度に込められた意図とは異なる結果が生じている。その理解には、カナダ独自の政治文化である、〝二文化〟、地域、社会的多様性に注目する必要がある。

建国の二文化

カナダの政治文化を彩るもう一つの側面は、フランス系住民の存在である。カナダは、1763年のパリ条約でイギリス植民地となるまで、フランス植民地だった。フランス系住民は、被征服者となりながらも、カナダ政治の発展においていわゆる〝建国の二民族〟として現在まで重要な役割を果たしてきた。いろいろ問題点を抱えながらも、この二文化性が連邦議会でもっとも顕著に現れるのが、徹底した二言語主義である。連邦政府機関での公用語を英仏両言語にしているカナダでは、議会にも同時通訳システムが整備されている。

また、首相や野党の党首については、両言語を操れることが要件とされている。カナダの場合、他の複数言語国家と比べても、指導者に対する言語的な要求基準は高いとされる。たとえば、総選挙時のテレビによる党首討論は、英仏各言語でそれぞれ2時間にわたる。このテストに耐えられないような語学力では、首相はおろか、野党の党首になる資格もないとされることが多い。そのため、各党の党首選では、候補者の語学力が必ず話題となる。以前、カリスマ性のある英語系女性議員が保守党党首選に立候補したが、議会内でのぶら下がり会見で仏語の質問がわからなかったため、勝ち目がなくなったことがあった。

フランス系住民が多数派を形成するケベック州は、下院全議席の約4分の1（308議席中75議席）を占め、同州有権者の投票行動が政権の命運を分けてきた。カナダ政治の不文律では、下院で過半数を取るには、ケベック州での一定数の議席が不可欠だとされてきた。同州の分離独立を掲げるケベック連合が54議席を獲得して野党第一党となった1993年の総選挙でも、多数与党となった自由党は19議席を獲得している。逆に、2006年の総選挙で政権交代を成し遂げた保守党は、同州で10議席しか獲得できず少数与党となってしまった。2011年の総選挙では5議席にまで減少したが、他州で票を伸ばし、保守党は過半数を獲得することに成功した。カナダ政治の不文律が崩壊した瞬間だった。この傾向が続くかどうかを判断するのは時期尚早であるが、連邦政界におけるケベック州の重要性の度合いは、カナダの政治文化の将来とも大きくかかわっており目が離せない。

地域の代表性

カナダは、歴史的、地理的な背景から連邦制を採用している。そのため、地域や州への帰属意識が強く、連邦議会でも地域の代表性が重視されている。下院の場合、人口比による代表性を基本とし、約10万人に対して１議席を割り当てているが、大西洋諸州など小規模な州については必ずしもそうではない。２０１１年12月には、オンタリオ州や西部での人口増加を受けて「公正な代表性に関する法律」が成立し、次期総選挙からは30議席増えて３３８議席となる。

上院は、地域の代表性を確保する機関として創設されたため、議席の配分も地域ごとに決められている。しかし、ドイツの上院のように州政府から派遣されるものではなく、首相の助言に基づき総督が任命するかたちをとっており、州や地域の代表が、連邦レベルでの政策形成において、それぞれの利害関係を訴えるというものではない。そのため、上院を州の代表機関とするための上院改革が、１９８０～９０年代にかけて西部を中心に叫ばれた。各州に同数の議席を割り当て平等（equal）にし、上院議員が選挙で選ばれる（elected）ようにし、かつ立法過程に影響力のある（effective）上院を目指すもので、英語の３つの頭文字を取って「トリプルE」とも呼ばれた。この考え方に基づく上院改革は実現していないが、アルバータ州では１９８９年から上院議員候補者選挙を独自に行い、州民の選択に沿った候補者が上院議員に推薦された事例もある。

より開かれた議会へ

また、連邦議会にはカナダ社会の多様性を反映することも期待されており、女性、ヴィジブル・マイノリティ（先住民を除く非白人を指す）などの議員の存在にも注目が集まる。２０１１年5月の総選挙では、過去最高の76人（24・6％）の女性下院議員が誕生した。ヴィジブル・マイノリティについては９・４％を占め、２００８年の６・８％より大幅に増加した。とはいえ、女性は全人口の52％を占めているし、ヴィジブル・マイノリティの割合も16・２％であり、まだ改善の余地は残されている。さらに、２０１１年の総選挙では、身体に障害を抱える２人目の下院議員が当選した。カナダの連邦議会は、イギリスの政治文化の影響を強く受けながらも、カナダが抱えるさまざまな多様性を包摂し、独自の政治文化の舞台であり続けるであろう。

（古地順一郎）

22

英語とフランス語の政治舞台オタワ
バイリンガル首都物語

チューリップの都

5月中旬――首都オタワでは何百万本もの色とりどりのチューリップが咲き乱れる。毎年恒例の「チューリップ祭り」である。赤、黄色、ピンク、ローズ色、オレンジ、紫……こんな色まであるのか、と思いながら連邦議事堂の構内のチューリップをまず堪能。その隣の名門ホテル〝シャトー・ローリエ〟の脇の石畳の階段を降り、祭りを盛り上げる軽快な音楽を聞きながら、連なる露店を物色し飽きると、また繚乱するチューリップの列が目に飛び込んでくる。そこから国立美術館を通り過ぎ、オタワの市場、バイ

ウォード・マーケットへ。新鮮な野菜、ハンギング・バスケットからこぼれそうなほど咲いている色鮮やかなゼラニウムやペチュニアを横目に、リドー運河沿いの国防省あたりを目指す。咲き誇るチューリップを両側に、運河にはその年のテーマのフロートや遊覧船が優雅に流れる。

01 オタワの名門ホテル「シャトー・ローリエ」（２００９年。撮影：本間昌策）。
02 リドー運河の水門（１９９９年。撮影：本間昌策）。

オタワがチューリップの都として知られるようになったのは、第二次世界大戦中、オランダ王室一家がナチスの侵略から逃れるため、カナダ政府の援助により首都オタワに亡命したことを発端とする。現在のオランダ女王の妹にあたるマルフリーテ王女は亡命中、オタワで誕生した。終戦直後、帰還したオランダ王室はカナダ政府とカナダ国民に対する感謝と友好の気持ちを込めて、１００万本のチューリップの苗を送ったのであった。チューリップ祭りはこれを恒例化したイベントである。

チューリップ祭りの催し物のアナウンスに耳を傾けると、英語のあとには必ずフランス語が流れる。道路標識や公共看板も英語とフランス語で表記されているのが目につく。トロントやヴァンクーヴァーとは違う、ここオタワはバイリンガル首都なのである。

政治都市の過去と現在

イギリスの従来型の植民地から脱し、1867年に連邦を結成して建国された新しい国、カナダの首都としてオタワを1857年に選定したのは当時のヴィクトリア英女王であった。その理由は2つあった。一つは、植民地時代のカナダを侵略しようとした南のアメリカ合衆国との国境からほどよく離れ、軍事上、リドー運河が重要であったことである。もう一つは、英語系が集中する「カナダ・ウェスト」（現オンタリオ州）とフランス語系が集中する「カナダ・イースト」（現ケベック州）の接点に位置し、それゆえ、両者に中立的ととらえられる地政的な理由である。オタワはその始まりから政治都市だったのである。

現在、ふだんの平日のオタワ中心街には政治都市らしい雰囲気が漂う。連邦議事堂を中心に官庁街が広がり、東側には各国の大使館が点在する。いわゆる「赤ナンバー」と呼ばれる外交官ナンバーの車が多く走る風景はいかにもオタワらしい。石を投げれば公務員か外交官に当たる、といっても過言ではない。お昼どきになると、街中にはスーツ姿の人々が忙しげにランチに出かける様子が見られる。政治通が観察すれば、テレビや新聞によく出る大臣や政治家たちも気軽に街中のレストランで食事する姿も発見できる。公人であることを自覚してか、彼らと目が合うと、微笑みを返してくることもある。

「ハロー、ボンジュール」――英語とフランス語の政策的使用

「ケベック問題」で吹き荒れた1990年代後半、私はオタワで勤務していた。政務中心の業務を担当していた私は、情報や協力を得るため、政治家、新聞記者、連邦公務員たちと日常的に連絡をとっていた。連邦政府機関に電話をすると、"Hello, bonjour." という第一声が受付係から発せられる。そして、受付係は、私が英語で話し始めると英語で、フランス語で話し始めるとフランス語で返してくる。どの官庁も見事なバイリンガルを受付に配置している。これは、カナダの公用語政策に基づく実践の表れなのである。つまり、首都圏の連邦政府機関にコンタクトしてきた人々に対し、公務員はその人が選択するほうの公用語で応対しなければならないことが「公用語法」で規定されている。公務員の第一声は、英語

03 オタワの連邦政府機関にて。両公用語で応対することを示すサインがカウンターに。

とフランス語、どちらでもいいですよ、というメッセージを積極的に人々に与えるものでなければならない。

実際に政府機関に行ってみる。すると、入り口のカウンターには“English/Français”と書かれた青いサインが置いてあり、職員は両公用語で応対してくれる。これも両公用語の使用を積極的に促す公用語政策の表れである。

また、連邦議会の下院の中継を見れば、議員たちは両公用語のうち、得意なほうの公用語で発言する。英語とフランス語が連邦議会のなかで「対等な地位」を有することを明記したカナダ憲法の条項を尊重するべく、首相や野党党首などの政治的リーダーたちは、両公用語を操る、あるいは一つの公用語の使用に偏らないよう、配慮する。しかし、議会の中継をよく見れば、イヤホンをしている議員たちもいる。彼らはたいてい英語圏出身のアングロフォン（英語系）議員たちであり、同時通訳を聴いているのである。英語とフランス語のバイリンガルはカナダ全体では約17％であり、アングロフォンの多くはフランス語ができないのである。

公用語政策の舞台裏

「公用語法」では、連邦公務員や国営企業の職員は国民に対し、指定する地域において両公用語による行政サービスを提供しなければならないと規定されている。オタワ首都圏はむろんこのバイリンガル地域に該当し、官庁では徹底した国民へのバイリンガル応対が慣行されている。しかし、実際、オタワに住んでみると、中心部から離れた住宅街では、郵便局でフランス語を話す職員がいない場合が多い。また、空港の入国管理官は、オタワ以外でもバイリンガル応対を義務づけられているが、実際にはトロントやヴァンクーヴァーなどの英語圏の空港ではフランス語が使用されていないケースも報告されている。

カナダの航空会社、空港運営会社、鉄道会社などは、民間企業であるにもかかわらず、公共性が高い企業として公用語法が適用される。機内放送や構内放送で英語とフランス語のアナウンスが流れるのはこのためである。しかし、これらの会社の職員によるフランス語の使用が十分でないことも報告されている。

オタワの官庁における公務員たちは、公用語法により英語でもフランス語でも仕事をしていいことになっている。しかし、私が政府機関で言語調査を行ったとき、実際に会議などで使われる業務言語が英語に偏る傾向がある点が観察された。管理職に昇格するには、第二公用語の上級試験に合格しなければならない。フランコフォン（フランス語系）公務員はたいてい英語ができる。他方で、フランス語の試験に備え、日夜、フランス語を必死に勉強するアングロフォン公務員も見受けられた。フランス語の習得を苦痛に思うアングロフォン公務員にも出会った。

理想とされるのは、「バランスがとれた英語とフランス語の使用」である。しかし、言語には力関係がある。英語はカナダだけでなく、世界的な優勢言語である。アングロフォンはよほどの理由がないかぎり、他の言語を習得しないが、英語を母語としない人々は必要性から英語を学ぶ。フランコフォン公務員の英語能力が、アングロフォン公務員のフランス語能力よりも高いことはこれによって説明がつく。このため、公用語政策が徹底されない場合、英語の使用が必然的に優勢となる。

公用語政策の施行と監督を任務とする「公用語局」は、政府機関の各部署において両公用語がバランスよく使用されているか、不定期的に検査を行っている。時には抜き打ちで覆面調査を行うこともある。一見バイリンガリズムが浸透していると思われるオタワの政治舞台の裏には、こうしたチェック機関の活躍とアングロフォンの苦悩が隠れているのである。

バイリンガル首都の四季

「ヴィクトリア・デー（5月第三または第四月曜日）までは庭に何も植えるな」。庭いじりが好きなオタワの人々はそう言う。つまり、5月中旬頃までは何か植えても、霜が降りるので何も育たないのである。オタワの冬は長くて厳しい。雪で押しつぶされていた芝生も、チューリップ祭りが始まる頃には、魔法をかけられたかのように鮮やかな緑色を取り戻す。春と呼べる時期はあっというまに終わり、夏が始まる。

首都の行事として特筆すべきは7月1日の建国記念日、いわゆる「カナダ・デー」である。連邦議事堂前の広場では特設会場が設けられ、終日イベントが行われる。その夜の花火はオタワ市民の楽しみの一つである。むろん、この日も両公用語が使用され、来訪者はバイリンガル首都であることを実感する。8月の後半になると涼しくなり、秋風も吹き始める。10月上~中旬が見頃の紅葉をたっぷり堪能するため、多くのオタワ市民はオタワ川を渡り、隣接するケベック州の広大なガティノー州立公園のほうをドライブする。そしてハロウィンの日を境にぐっと気温が低くなり、11月に入ると雪が降り始める。長い冬の始まりである。

オタワで勤務していた時代、私はこの四季を数回過ごした。執務室の窓からはオタワ川とその向こうに広がるケベック州を見渡していた――ケベックがいつか主権を達成し、国になる日がくるのだろうか、と思いつつ。カナダ国民に必ずしも支持されていない公用語政策にカナダ政府がこだわってきた理由はここにある。つまり、ケベック州の主権達成の回避である。カナダ政府は、フランス語を尊重する姿勢を見せることによって、ケベック州内のフランコフォンに対し、カナダからの離脱を考えないように、と訴えている。「ケベック問題」が表面上は鎮まっている現在、カナダ政府は新しいメッセージを込めて公用語政策をオタワから全国に発信している。数多くの移民を受け入れ、ますます多文化・多言語化するカナダを2つの公用語で融合し、隣国アメリカ合衆国とは異なるカナディアン・アイデンティティを模索しよう、というメッセージである。

（矢頭典枝）

23

イギリスの政治的伝統 カナダ総督物語

植民地としてのカナダ

セントローレンス川を臨むケベック市の小高い広場に立つ銅像は、1608年に同市を建設したサミュエル・ド・シャンプランである。探険家として知られるが、北米フランス植民地の初代総督という顔ももつ。彼以降、カナダには総督と呼ばれる人が存在しており、この国が植民地として発展してきたことを象徴している。

1763年のパリ条約で北米フランス植民地の大部分がイギリスに割譲されると、総督もイギリス人になった。その後、1867年にドミニオン・オブ・カナダが誕生したが、イギリス国王を国家元首とする立憲君主制が維持され、国王の名代としての総督も残された。外交自主権の取得（１９３１年）や、カナダ市民権の確立（１９４７年）、憲法のカナダ化（１９８２年）を成し遂げ、名実ともに独立国となった現在でも、総督の地位は連綿と続いている。

総督とは

カナダ総督とはどのような存在なのだろうか。一言でいえば「国王代理」である。カナダ国王はイギリス国王または女王が兼任しており、国王または女王が不在の間、総督がその職務を代行している。

立憲君主制下では、君主やその代理（総督など）が、儀礼的な役割しか果たしていないとみなされることが多々ある。しかし、１８６７年憲法（イギリス領北アメリカ法）を読み返すと、統治構造上、総督には重要な役割が与えられていることがわかる。同憲法では、行政権が国王（女王）に属すると宣言されている（第９条）。つまり、国王（女王）の不在時は、行政権の行使が総督にゆだねられている。国王（女王）の行政権は、カナダ枢密院の助言に基づいて行使されるが、その構成員の任免権は総督にある（第11条）。枢密院は国王（女王）の諮問機関で、内閣はその一委員会という位置づけである。したがって、首相ならびに閣僚は、総督によって任命される。また、各州に置かれる副総督は、カナダ枢密院の助言に基づき総督が任命する（第58条）。

さらに、法案の裁可についても、拒否権（署名の拒否）と留保権（法案への署名を留保し、国王〈女王〉に判断をゆだねる）が与えられている（第53条）し、副総督によって留保された州法を承認しない権利（不認可権）も付与されている（第90条）。ただし、総督の留保権は、1930年の大英帝国会議の決定により終止符が打たれている。州法に対する総督の不認可権は、1867年以降、112件発動されたが、1943年を最後に行使されていない。

この他にも、国王（女王）の権限と責任を実質的に総督に移すことを定めた1947年の勅許状によれば、総督は、カナダ枢密院の助言に基づいて、連邦裁判所判事の任命、連邦議会の召集・停会・解散などを行うとともに、カナダ軍の最高司令官であるとされている。任期の規定はないが、通例5年である。

このように、総督は、憲法、勅許状、慣習により多くの権能を有しているが、実際には、カナダ枢密院、すなわち首相の助言に基づいて行使されている。とはいえ、総督の地位が儀礼的なもののみと片づけるのは早計である。

総督という地位の重要性は、国王（女王）につながっているところにある。というのも、イギリス型の立憲君主制において、国王（女王）は主権者であり、国家権力の源泉として機能しているからである。カナダの首相は、先進国のなかでも強力な権力を有しているとされるが、その理由の一つが、総督への助言というかたちで国王（女王）の権能にアクセスできるからだといわれる。

総督が国家元首か否かについては、さまざまな議論がなされているが、イギリス国王（女王）を憲法上の国家元首とし、総督を事実上の国家元首とする見方が定着している。そのことは、総督が国賓を始めとする外国要人を接受したり、カナダを代表して外遊するところにも表れている。

総督のカナダ化

カナダ人総督の存在は、今では当然のように思われているが、１９５２年にヴィンセント・マッセイ総督（在１９５２～５９）が就任するまでは、イギリスから総督が派遣されていた。１９２０年代に入ると、カナダ政府の意向に沿って総督が選ばれるようになり、ウェストミンスター条令（１９３１年）以降は、カナダ政府による総督の選任が定着した。また、１９４７年の勅許状で、国王（女王）の権限と責任がカナダ総督に移ったこともカナダ化を加速させた。

総督公邸（リドーホール）の玄関ホールには、歴代カナダ人総督の肖像画が飾られている。イギリス人総督の肖像画については、「テントの部屋」と呼ばれる大広間に展示されている。このような展示方法も、カナダのアイデンティティの一象徴として総督が定着していることを示しているといえよう。

歴代カナダ人総督の人選には、カナダ社会の多様性が反映されている。まず、英語系と仏語系が交互に就任するという慣習が確立している。ジョルジュ・Ｐ・ヴァニエ総督

（在1959〜67）は、カナダの連邦結成以降、フランス系カナダ人最初の総督となった。また、1984年には、ジャンヌ・ソヴェ総督（在1984〜90）が女性として初めて就任した。さらに、ロメオ・ルブラン総督（在1995〜99）は、大西洋諸州のフランス系カナダ人であるアカディア人初の総督である。エイドリアン・クラークソン総督（在1999〜2005）とミカエル・ジャン総督（在2005〜10）は、それぞれ香港、ハイチの出身で、子供のときに難民としてカナダに到着し、その後ジャーナリストとして活躍した女性で、多文化主義を掲げるカナダの象徴とみなされた。

総督と少数政権

カナダの統治構造上、総督は大きな役割を占めているが、その権能は実質的に首相によって行使されているため、多数政権のときには政治過程における総督の存在が見えにくい。しかし、ひとたび少数政権が誕生すると、その決断が大きな政治的意味をもつこととなる。そのような例として、1920年代に起きた「キング・ビング事件」と2008年の政治危機を見てみたい。

1925年10月の総選挙で、カナダ自由党のマッケンジー・キング政権は、過半数を失うのみならず、第二党に転落し、首相自身も落選した（翌年の補欠選挙で再当選）。このような状況ながら、第三党の進歩党の協力を仰ぎつつ少数政権を維持した。しかし、関税省での汚職により内閣不信任の動きが生じたため、1926年6月、キング首相はビ

01 カナダ総督公邸（リドーホール）内部。

ング総督に解散総選挙を願い出た。しかし、ビング総督はこれを拒否し、議会第一党だったミーエン保守党党首に組閣を要請、ミーエン少数政権が誕生した。キングは、自分の助言がイギリス人総督によって拒否されたことから、内政干渉であるとともに憲法的な慣習にも反しているとの批判を展開した。ミーエン政権の正統性を攻撃し、進歩党の協力も得て内閣不信任に追い込んだ。キング、ミーエンともに安定的な政権を築けなかったことから、ビング総督はミーエン首相の解散総選挙の要請を受け入れた。総選挙では、キング率いる自由党が勝利して政権に返り咲き、この事件は決着することとなった。

　また、２００４年から２０１１年にかけても少数政権が続き、総督の役割があらためてクローズアップされた。２００８年10月の総選挙後、再び少数政権となったスティーヴン・ハーパー保守党政権の政策に反発して、野党は内閣不信任に追い込むことを決定した。自由党と新民主党は、連立政権を形成する合意に達し、ケベック連合の閣外協力も得ることに成功した。これを受けて、ジャン総督に対して、内閣不信任成立後には自由党が中心となって組閣することを申し入れた。ハーパー政権は、内閣不信任を避けるため、議会の停会を総督に要請した。総督は、首相の意向に沿って議会を停会し、政権は危機を乗り切った。さらに、ハーパー政権は2009年にも議会を停会したが、その手法とジャン総督の決定に対して議論が起こった。と同時に、総督が政治的影響力を行使しうる立場にあることをあらためて示す結果となった。

カナダ総督は、植民地として発展してきたこの国の歴史と不可分であり、独立国となった現在でも、国家権力の源泉として統治構造の要《かなめ》となっている。過去10年間に3度の少数政権を経験し、改めて総督の政治的重要性が顕在化した。イギリス型立憲君主制の伝統は、現在も総督を通じてカナダに生き続けているのである。

（古地順一郎）

24

「カナダ・デー」政治都市のお祭り

「こんなに大勢の人を見るのはカナダに来てから初めて……どこにこれだけの人が？」と思わずうなってしまったのは、カナダの首都オタワに留学中のある一日。その日こそ、カナダ建国の記念日、7月1日である。ふだんは、トロントやモントリオールといったさまざまな魅力にあふれたカナダの大都市からすると、静かで穏やかな――あるいは退屈ともいわれる――日常を紡ぐオタワに、大勢の人が集まり、祝賀ムードで一日盛り上がるのが、「カナダ・デー」である。

材木の町バイタウン、首都に

オタワは、現在、88万人あまり（2011年）の人口を擁し、オタワ川の対岸のケベック州ガティノー市とあわせて「オタワ・ガティノー首都圏」となっている。しかし、もとは材木切り出しのための小さな町で、オタワ川とキングストンをつなぐリドー運河の建設を指揮していたバイ中佐の名前を取って、1826年にバイタウンと名づけられ、1855年には、オタワ市となった。それではなぜ、オタワが首都になったのであろうか。話はカナダの植民地時代にさかのぼる。1841年、アッパー・カナダ（現オンタリオ州）植民地とロワー・カナダ（現ケベック州）植民地が合併して、連合カナダ植民地が誕生した。そこで問題となったのが、首都選びである。イギリス系、フランス系それぞれが自分たちの都市こそ首都にふさわしいと主張し、旧アッパー・カナダの市（キングストンとトロント）、旧ロワー・カナダの市（ケベック市とモントリオール）の4都市間で、首都が転々とした。首都機能の移転はかつて日本でも話題になったが、今日のように交通網が発達し、瞬時に情報がやりとりできてもなかなか難しいことである。それが、交通手段が馬車という時代に、トロント、ケベック市で4年ごとに首都交代をしたほど、イギリス系もフランス系も譲らなかった。

そこで1857年、イギリスのヴィクトリア女王が、オタワを首都として選んだ。一説によると、カナダの地図を見た女王が、そこがイギリス系圏とフランス系圏のちょうど中間地点にあるため、首都に決めたといわれる。たしかに、そこは、オタワ川をはさんでオンタリオ州とケベック州の接する絶妙ともいえるところに位置しており、まさに

英仏両言語を公用語とする国の首都にふさわしいといえよう。

「ドミニオン・デー」

1867年7月1日、イギリス議会で制定された英領北アメリカ法の発効により、ドミニオン・オブ・カナダが誕生し、オタワはその首都となった。1868年6月20日、建国1周年を前に、モンク総督がコンフェデレーション（連邦結成）の記念日を祝うよう宣言を出したのだが、結局、7月1日が建国記念の休日、「ドミニオン・デー」として法的に定められるのに11年も要した（1879年）。しかし、19世紀末から20世紀初頭まで、カナダ人はおおむねイギリスとの絆を重視しており、わざわざカナダ建国の日を祝うことに関心がなかった。そのため、1917年の建国50周年まで、公式の祝賀行事が行われることはなく、また、その後も60周年まで、何も行われなかった。

01 オタワの連邦議事堂前で、2012年の「カナダ・デー」祝典風景（撮影：古地順一郎）。

建国60周年記念の祝賀行事――初のラジオ放送

1927年の建国60周年は、それまでとは決定的に違い、カナダ全土で「ドミニオン・デー」を共有した最初のときだった。連邦議事堂のあるパーラメント・ヒルからカナダ全土に、初めてラジオで、しかも生放送で60周年祝賀行事が放送されたのだ。

この行事では、約4~5万人の群衆がパーラメント・ヒルに集まり、全国で約500万人がラジオを聞いたといわれる。イギリス系とフランス系の2人のアナウンサーが司会を受け持ち、時の首相、ウィリアム・ライオン・マッケンジー・キングが国民に熱っぽく呼びかけた。先住民の時代から、ジョン・カボットやジャック・カルチエの探検家の時代、フランス領時代からイギリス領時代、建国の父祖によるコンフェデレーションとカナダのその後の領土拡大、そして建国60周年に至るまでのカナダの歴史を語り、彼は続けてこう言った。「わが国の過去を学ぶことで、われわれはより誇らしい気持ちをもてるであろう」と。さらに、キングは、前年のバルフォア報告に触れながら、今やカナダは、英連邦の一員として本国と対等の地位を獲得し、建国時にもっていなかった外交権を有する真の国家となったと語り、「建国の父祖のヴィジョンが現実となったのだ」と述べた。

また、連邦議事堂の中央にそびえるピースタワーのカリヨンの演奏、1000人の子供たちの合唱、愛国的な詩の朗読、コンサートなどが行われ、これらがラジオで全国放

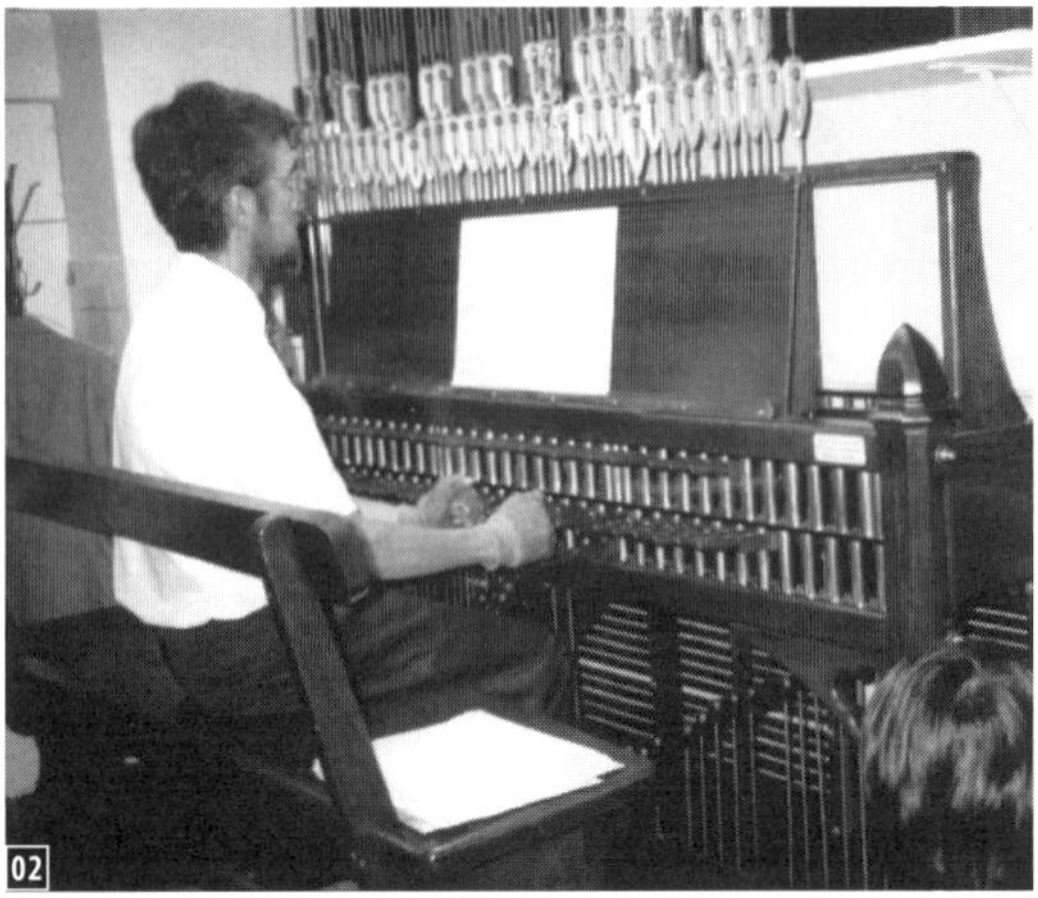
02 第4代ドミニオン・カリヨネア、ゴードン・スレイター氏の演奏風景。

送されたのである。ちなみに、カリヨンとは、一般に教会の鐘楼などに備え付けられた野外演奏楽器で、日本では「組み鐘」ともいわれる。ピースタワー内部には、大小53個の鐘があり、カリヨネア（カリヨン奏者）によって、定期的にコンサートも開かれている。私は留学中、趣味の音楽が縁で、ピースタワー専属のカリヨネア、ゴードン・スレイター氏と知り合った。おかげで、カリヨン演奏を間近で見せてもらう機会があった。鍵盤を指で弾くのではなく、こぶしで叩くように演奏するのが特徴だ。おもしろいことに、このカリヨネアの身分は今日でも「ドミニオン・カリヨネア」である。

「ドミニオン・デー」から「カナダ・デー」へ

「ドミニオン・デー」という名称については、当初からフランス系カナダ人には、イギリスとの絆を強調し過ぎるとして嫌われていた。また、フランス語で「ドミニオン」

に相当する用語がないため、フランス語では「コンフェデレーションの日」と呼ばれていた。1946年に、フランス系カナダ人議員によって、「ドミニオン・デー」を「カナダ・デー」と改称する法案が出されたが、このときは実現しなかった。上院ではすぐにこの法案が可決されたものの、上院で「ナショナル・ホリデー・オブ・カナダ」とするという修正を加えられたため、事実上骨抜きにされてしまったのだ。国の名称が1867年の「ドミニオン・オブ・カナダ」から現在の「カナダ」になったのは1947年であった。にもかかわらず、それ以降も7月1日は「ドミニオン・デー」のままだった。

しかし、1980年代初め頃になると、メディアなどで「カナダ・デー」という表現が使われ、広がり始めた。そうすると、それまでの歴史を重視すべきか、それともバイリンガルのカナダにふさわしい、フランス語にも対応する名称にすべきか、国の創立記念日の名称をめぐって論争まで起こった。結局、1982年10月27日、公式に「カナダ・デー」に改称された。ちなみに、フランス語では、「フェート・デュ・カナダ（Fête du Canada)」という。

第二次世界大戦後の「ドミニオン・デー／カナダ・デー」

1958年以降、カナダ政府による「ドミニオン・デー」の祝賀は、パーラメント・ヒルでの公式セレモニー、夕方からのコンサート、そしてこの日一日のハイライトであるパーラメント・ヒルでの花火でフィナーレを飾るというかたちが定着した。1967

年の建国100周年では、カナダの愛国主義を高めるよう、盛大に祝賀が催され、これによって、以後、国民の間で「ドミニオン・デー」が広く認知されるようになった。1960年代後半には、テレビで「フェスティバル・カナダ」として全国に生中継もされるようになったことも、認知度を高めるのに一役買っただろう。1980年になると、カナダ政府は首都オタワだけでなく、全国でこの日を祝うよう、さまざまな都市に援助をするようになった。今日では、多文化主義国家カナダという特色を出すよう、さまざまなエスニック・グループによる活動も盛んである。

2011年のカナダ・デーは異色だった。新婚ほやほやのイギリスのウィリアム王子とキャサリン（ケイト）妃が出席したのである。約30万人の群衆が王子夫妻を見ようとパーラメント・ヒルに集まった。今や、パーラメント・ヒルだけでなく、オタワ・ガティノー首都圏の国立美術館、文明博物館、コンサートホールなど、至るところでこの日を祝って、盛大に「フェスティバル・カナダ」が行われている。夜には、パーラメント・ヒルの背後から盛大に花火が打ち上げられ、そして祝賀の一日は締めくくられるのである。

（木野淳子）

第5部

「カナダ文学の舞台」を旅する

25

英語系歴史小説

マーガレット・アトウッドが創る時空の旅

トロントを描いた作家はたくさんいる。しかし、トロントの今と昔を描いた作家は少ない。そのなかに、トロントニアンで多才な作家マーガレット・アトウッド（１９３９〜）がいる。

棺桶船でピープル・シティへ

トロントは古来より、カナダ先住民ヒューロンの人たちから「人の集まるところ」と呼ばれていた。トロントが「人々の都市」と呼ばれるゆえんである。その「人の集まるところ」トロントが急速な発展を見せたのは１８３０年代後半から。トロントがカナダの代表的な移民先となったからである。その最初の大きな人口流入は、１８４６～４９年に起きたアイルランドの「ジャガイモ飢饉」による。

アトウッドの小説『またの名をグレイス』（１９９６）の主人公グレイス・マークスの一家も北アイルランドからやってきた。しかし一家が移住した時期は飢饉が起こる数年前。移住理由は同じく飢えをしのぐためであった。「カナダにはただの土地があり、建設ブームで、じきに多くの鉄道駅が建設される」という情報が当時のアイルランドには広がっていた。

貧しいグレイス一家は、時としてコレラやチフスが蔓延して「棺桶船」と称された船でやってきた。哀れにも、病弱の母は航海中に亡くなり、亡骸は北極海に葬られた。ベルファストから出航してきた船は、ニューファンドランド沖を通過するとセントローレンス川をさかのぼり、ケベック市を過ぎ、海のようなオンタリオ湖に入って、トロントに着く。「いろいろな人種がいるように見えました。……いろんな肌の色の人がいて……どんな言葉が話されているのか想像もつきませんでした。……バベルの塔のようでした」。グレイスの第一印象である。国際色豊かなトロントは、今も昔も変わらない。

トマス・キニア／ナンシー・モンゴメリー殺人事件

飲んだくれで職に就けない父は、暮らしを支えるために12歳のグレイスを市議会議員の屋敷に住み込み女中として出す。そこで、グレイスは女中仲間のメアリーと仲良くなり、仕事はきついが幸せな日々を送る。ところがメアリーが奉公先の息子に騙されて妊娠。あげくの果てに堕胎に失敗し死んでしまう。グレイスの最高に幸せだった時は続かなかった。

その後グレイスはいくつかの屋敷で女中を務め、事件を起こしたキニア氏の屋敷で働くことになる。キニア邸はトロントから北へ20キロほど行ったリッチモンド・ヒルにあった。今ではトロントの郊外住宅地であるが、当時は朝早く乗合馬車で発たなければならなかった。道中は湿地や森が多く、熊や狼などの野生動物がたくさん生息していた。グレイスは女中頭のナンシーに誘われてキニア邸に奉公に入ったが、なんとナンシーは、スコットランドから移住してきたこの富裕な独身地主トマス・キニアの情婦でもあった。主人のキニアがグレイスにも色目を使うようになると、ナンシーは何かとつらくあたる。奥方然とふるまうナンシーに同じように冷遇され、解雇された馬屋番のジェイムズ・マクダーモットがナンシー殺害をグレイスにもちかける。断り切れずグレイスは殺害に加わることになる。

『またの名をグレイス』は、1843年にリッチモンド・ヒルで実際に起きた「トマス・キニア／ナンシー・モンゴメリー殺人事件」に材をとった歴史小説である。グレイスとジェイムズはキニア家やナンシーから奪ったものを載せた馬車で、オンタリオ湖を渡って合衆国に逃げた。しかしすぐに捕まり、トロントに連れ戻された。裁判が行われ、両被告人は死刑を宣告された。ジェイムズはトロントの新刑務所の前で絞首刑に処された。グレイスに関する意見は分かれた。グレイスの若年齢、女としての弱さ、無分別を訴えた弁護士や名士たちの嘆願によって、彼女は終身刑に減刑された。服役中グレイスはヒステリー兆候を見せたため、当時新設されたトロントの精神病院に収容された時期もあったが、１８７２年に釈放されるまで30年近く、彼女はキングストンの刑務所で長い収容生活を送ることになった。

01 供述書に載ったグレイス・マークスとジェイムズ・マクダーモットの肖像画（トロント公立図書館所蔵）。

当時この事件は、カナダの新聞のみならずアメリカ合衆国、宗主国大英帝国の紙上でも詳しく報道され、扇情的な記事になった。なにしろグレイスはまれに見る美人で、かつ、すこぶる若い16歳。グレイスと馬屋番のジェイムズは恋人同士であったと報じられた。殺された女中頭のナンシーについても、キニアの情婦であり、かつて私生児を出産したこと、さらに死体解剖により妊娠が発覚していたことも新聞は書き立てた。微に入り細にわたる記事は世間を沸かせるものであったという。セックス、暴力、下層階級による反抗といった組み合わせは、今も昔もジャーナリストたちの関心を引く話題だ。この物語は、終身刑を言い渡されたグレイスの精神状態を調査するために派遣された精神科医サイモン・ジョーダンにグレイスが自己の回想を語る形式で進んでいく。精神医学は１８５０年頃から勢いをつけて発展し、当時最先端の医療であった。精神病の新理論が誕生し、公立および私立の精神病院が創設され、科学者や作家たちの間には、記憶の分析、記憶喪失、夢遊病、ヒステリー症、トランス状態、神経病、および夢の意義のような現象に関する強い好奇心と興奮が見られた、とアトウッドは語る。

最初にグレイスが奉公に出たパーキンソン氏の屋敷は、オンタリオ州ハミルトンにあるダンダーン大邸宅がモデル。このモデルのミニ版は、今もヴィクトリア朝風の豪邸が残るウォーター・フロントに見ることができる。グレイスは回想する。女中の仕事はきつかったが、使用人でも毎日肉を食べることができた、食料は海の向こうのヨーロッパよりカナダのほうが手に入りやすかったと。初めての給料は食事と部屋付きで月１ドル。事件を起こしたキニア邸での給料は月３ドルであった。その頃は今と違い、グレイスの言葉を借りれば「新移住者たちが年中入ってきても、不足をまだ補うことができず、使用人の需要はたくさんあった」。

進むインフラ整備

19世紀半ばから、トロントは急速に産業化が進み、インフラ整備が進んだ。「ベルファストほど見事ではなかった」が、通りにはガス灯が灯されていた。ジェイムズが絞首刑に処されたトロント新刑務所は、1840年に建てられた。カナダは1976年に死刑を廃止するが、「トマス・キニア／ナンシー・モンゴメリー殺人事件」当時は絞首刑は公開だった。しかも大衆受けするイベント的なもので、見物のために学校が休みになることもあったという。ジェイムズの絞首刑の様子を当時の『トロント・ミラー』紙がこう書いている。「男女と子供からなる大群衆が、罪人の最後のあがきを今か今かと待ち構えていた。この恐ろしい光景を一目見ようと、ぬかるみや雨をものともせず、方々から集まったこれらの女性たちが、いかなる感情をもつことができるのか計り知れない」。その後この刑務所は精神病院に変わった。公開絞首刑と同じで、当時は精神病院や監獄も、「動物園」のように一般の見学が許されていた。とくに、物議をかもした〈女殺人犯〉グレイスは一見の価値があったようだ。

インフラ整備は刑務所にも及んだ。グレイスが収容されたキングストンの刑務所は、1835年に建てられたもので、現在でも使用されている世界でも古い刑務所の一つである。作品を読むと当時の受刑者の様子がよくわかる。模範囚であったグレイスは、服役中に長年にわたって、日中は刑務所長官の家で召使を務めている。こうした囚人を日雇いに貸し出すのは当時の北米の習慣だった。また、鉄道の敷設が進み、1856年にはトロントとモントリオールを結ぶ長距離鉄道が敷かれた。1872年に赦免を受けて30年間住み慣れた「懲治監」から釈放されたとき、グレイスが最初

02

02 1838年の公開絞首刑の様子（出典：http://www.russianbooks.org/crime/cph2.htm）。

に乗った乗り物が蒸気機関車であった。「列車の音はひどくうるさいし、動きもとても速く、耳が破れそうでした。……気が狂うのではないかと思った」と印象を述べている。30年間もの監獄生活に慣れた者にとって、文明の利器も生きた心地がしない物だったようだ。「懲治監記録」によると、赦免を認められたグレイスは、看守長とその娘が同行してニューヨーク州へ向かい、「用意された家」に着いたとある。小説はグレイスがそこで結婚し、幸せに暮らし始めるところで終わるが、アメリカに渡ってからの実在のグレイスの足取りはすべて消えている。

歴史小説『またの名をグレイス』の執筆にあたって、アトウッドは当時の新聞、オンタリオ州の歴史、監獄や精神病院生活の記録文書等を丹念に調べて、ストーリーに織り込んでいる。この小説は英語系カナダの社会史や生活文化の変遷をたどる旅の貴重なガイドでもある。

（佐藤アヤ子）

26

移民都市モントリオールの作家
ダニー・ラフェリエール

「アメリカ的自伝」を書く

ダニー・ラフェリエール。その独特の作品世界と個性的な思索は、モントリオールという都市と切っても切り離せない。1953年にハイチで生まれ、若くして亡命、処女作『ニグロと疲れないでセックスをする方法』（1985、邦訳近刊予定）でセンセーショナルな成功を収めた。今日、ケベック州はもちろんのこと、フランス語表現作家の中でもっとも著名な文学者の一人となっている。

作品には、大きく分けて2系統があり、モントリオールを舞台として、現代世界を生きる黒人の問題を扱う前述の小説、あるいは、ポストモダン以降世界的に流行した日本趣味がもつ意味や、文学のアイデンティティを問う『吾輩は日本作家である』（2007）のような作品系列がある一方で、『コーヒーの香』や『終わりなき午後の魅惑』のような、ハイチを語る作品群がある。それら全体をラフェリエールは「アメリカ的自伝」と呼んでいる。ここでいう「アメリカ」とは、アメリカ合衆国ではなく、南北アメリカ大陸全体の時空のことである。すでに邦訳が出ているものに、フランスのメディシス賞受賞作『帰還の謎』（2009、邦訳2011年、藤原書店）と、2010年1月のハイチの大震災を扱った『ハイチ震災日記』（邦訳2011年、藤原書店）がある。

『ニグロと疲れないでセックスをする方法』

主人公は、一室しかない狭いアパートに友人ブーバとともに生活している。「俺」は、作家志望で、散歩に出たり、若者が集まるカフェやバーに行く以外は、もっぱら部屋にこもって小説を書いている。友人ブーバは、ソファーベッドに一日中寝そべったまま、ジャズを聴き、コーランとフロイトを読んでいる。

そんな二人住まいのアパートに、黒人に興味を抱く白人女子学生がよく訪れる。名門マギル大学の講演会で知り合った女性もいれば、黒人ミュージシャンの演奏を聴きに若者が集まってくるディスコで出会った女性もいて、それぞれにタイプが違うのだが、美女ばかりである。同居者のブーバは美女が大嫌いで、醜女ばかりを相手にしている。彼のところには、東洋趣味で自殺志向の女性がカウンセリングを受けに来る。「俺」は、金髪の白人女性がどうしてこうも黒人に惹きつけられるのかと自問する。黒人はエグゾティスムの対象なのだ。セックスの快楽は、奴隷制時代に形成され、今日広く浸透している人種差別的な価値体系と人種的役割分担に深く根を下ろしているのである。作品はまた、ポストモダン的消費社会がなおも内包している差別意識への批判にもなっている。

この作品には風俗小説の側面もある。「俺」とブーバは、いわばモントリオールのオタクであり、ジャズミュージシャン、ポップス界の人気歌手、女優、詩人、作家への言及が散りばめられている。それらは、さまざまなタイプの女性たちの言動、身振り、服装と相まって、1980年代のモントリオールの文化空間を彷彿とさせる。

この小説は、また、挑発的でユーモアを感じさせるタイトルからも想像できるように、人種的偏見を告発するだけの作品ではない。むしろ、差別意識や歴史的怨恨を乗り越えた人間的出会いを希求している。出会いには幸福なときもある。たとえば、2人のマギル大生が「俺」のために声を合わせて詩を朗読する場面。エリカ・ジョングの作で、ロンドンで自殺したボストン生まれの詩人シルヴィア・プラスを悼む詩である。2人の女性が立ち去った後、「俺」はアパートの窓か

01 『ニグロと疲れないでセックスをする方法』の表紙。

ら暮れかけた街にともる灯と、雨に濡れた街路を静かに眺める。そこには、社会的な通念や諸表象を超えた根源的生命とでもいうべきものが暗示されている。

小説はついに完成し、「俺」は一躍有名作家になる、あるいはその夢が語られるところで終わるのだが、実際にそれが現実となり、ケベックの人気作家ダニー・ラフェリエールが誕生するのも、この小説の面白いところである。『ニグロと疲れないでセックスをする方法』は、そのような文学的野心の赤裸々な表明も含めて、社会の底辺から這い上がろうとする移民黒人の「告白」になっている。

脱中心的な都市空間へ

ここで、移民都市としてのモントリオールという空間を、私の個人的な旅も交えながら考えてみたい。

いつのことだったか、モントリオールの中心街でタクシーを拾い、車内に腰を下ろすと、運転席との仕切りや窓など、客席の周りに白いレースのカーテンが掛けられ、客間のように整えられていた。静かで、豊かな響きの音楽が流れていた。ヴィラ＝ロボスの「ブラジル風バッハ」。とてもタクシーとは思えず、一瞬、何かの間違いで異次元の襞《ひだ》の内側に入り込むか、誰かの家に招かれたかと思ったほどである。運転手は物静かなバスの声で行き先を聞いてきた。それから、ゆったりとしたなかにも威厳さえ漂う背中を見せて運転し始めた。まるで室内を充たしている音楽が、物言わぬ彼を代弁しているかのようだった。目的地に到着して街路に立ったときは、目眩《めまい》さえ覚えた。再び耳を包み込む街の騒音と、車の乱雑な動きによる落差があまりに激しかったのだ。

この都市のタクシーの運転手がたいてい移民労働者であることはよく知られている。ラテンアメリカ、そしてとりわけハイチ出身が多い。ダニー・ラフェリエールは、ある作品の中でタクシーの運転手との政治論争を描いている。彼に言わせると、モントリオールのタクシー運転手はみな知識人なのだ。この北アメリカの都市は、世界の独裁政権の牙を逃れてきた人々が集まるところで、タクシーが人気職種になっている。ディープなモントリオールの一面が、そこにある。

一般に二言語が併用されている地域においては、ダイグロッシアが観察される。つまり、併用されている二言語のどちらかが社会的・経済的に優位にあり、下位にある言語は、土地の日常生活を支配し、習慣・儀礼を組織化している。ところが、ケベック州に属するモントリオールはいささか様

02 ラフェリエール処女作の舞台となったモントリオール。

相を異にしている。ケベック州がフランス語憲章を制定していて、フランス語が唯一の公用語だからである。他方で、カナダという国は植民地主義帝国間の抗争の結果として成立した国であり、さらにまた北米大陸全体のヘゲモニーを握る言語が英語であることから、モントリオールでも、フランス語話者のほうに英語を学ぶ必要性があり、英語話者は、フランス語が話せなくても劣等意識をもっているわけではなく、むしろ逆なのである。同じ移民都市でも、ニューヨークやパリと違って、連邦政府と州政府が競合している状況がそこにある。そういう意味では、スペインのバルセロナのような都市に近いのかもしれない。

この競合は社会組織を複合化し、さまざまな分断線を生み緊張関係を醸成している。そのため、モントリオールの移民集団は二重権力構造の狭間《はざま》にあり、文化的に自由な、拡散した感覚が広がっている。一世代上の、やはりハイチから亡命してきた作家にエミール・オリビエがいるが、彼は、モントリオールを脱中心的な都市空間ととらえている。ダニー・ラフェリエールが、カリブ海作家と呼ばれることを嫌い、自分は「作家」であって、その前に「ハイチ」とか「カリブ」といった語をつけられると侮辱を覚えるというのも、この複合的都市空間のなかで文学の可能性を追求してきたからこそである。

旅を栖《すみか》とする作家

すでに述べたように、ダニー・ラフェリエールは１９５３年にハイチの首都ポルトプランスに生まれている。しかし、父親が当時成立したばかりのデュバリエ独裁政権と軋轢《あつれき》を引き起してアメリカ合衆国への亡命を強いられ、幼いダニー自身も首都から少し離れた小邑プティ・ゴアーヴに身を隠さなければならなかった。彼によれば、この体験は「私の最初の亡命だった」。彼はプティ・ゴアーヴの祖母のもとで約10年間暮らす。その後、ポルトプランスに戻って中等教育を受け、20歳頃からジャーナリストとして活動を始める。ところが、1976年、同僚であるとともに、もっとも親しかった友が惨殺され、危険を感じた彼は慌ただしく国外に脱出することになる。

ダニー・ラフェリエールの人生は旅で始まり、今日でも旅のなかにあるといっていい。亡命先の作家は、一般に、本来いるべき場所に自分がいないという喪失感を抱くものである。しかし、彼の場合、モントリオールは望郷の想いに沈潜する外国都市ではなく、彼自身が積極的に選び取った街になる。訪日の際、次のように語っている。

> 私はモントリオールで多くのことを発見しました。まずは自治と規律ですね。自分を律することです。私はハイチの典型的な若い知識人でした。つまり、なに一つ自分の手でやろうとはしない、無知きわまりない人間だったのです。私は、新しい街で労働者になりました。貴重な体験でした。……私は、日常生活に対して全く無責任な人間だったのです。……ところが、（モントリ

03 ダニー・ラフェリエール（提供：藤原書店）。

オールで）人生は「私のもの」でした。（『環』48号、２０１２年、藤原書店、22頁）

亡命先での生活をこのように語る作家を、筆者はほかに知らない。ハイチなくして彼の文学はないが、モントリオールがなくても彼の文学はないのである。

長い間、文学は国民文化を栄養分として展開してきたし、時にはその原動力ともなってきた。今日でも、国際的に有名な作家の背後には、たいていは国力に支えられた強力な文化が控えている。しかし他方、世界を見渡せば、安定した国力を保持している国の数は多くない。経済危機や内戦、対テロ戦争が間断なく続く21世紀は、むしろ、単一の文化空間に安住できない移民の層を至るところに大量に堆積させている。ダニー・ラフェリエールは、そうした21世紀の文化的状況を先取りした作家である。特定の国民文化に自己同一化せずに、しかも文学の原点に立ち帰っている。彼は日本文学を愛し、芭蕉に深い共感を抱いているが、それも、この根本的な姿勢から来ている。「日々旅にして旅を栖《すみか》とす」との『奥の細道』の言葉は、新たな漂泊の精神を探究する彼の言葉でもある。ダニー・ラフェリエールにとって、カリブ海文学も日本文学も異国趣味の対象ではない。何の限定詞もつかない、普遍的な「文学」そのものなのである。（立花英裕）

27

フランス語系作家の世界を旅する アンヌ・エベール再訪

アンヌ・エベール（1916～2000）は、20世紀ケベック文学を代表する女性作家の一人である。1953年に『王たちの墓』で詩人としての地位を確立した後、小説家、シナリオライターなどとしても多彩な活躍をし、1960年代ケベックの「静かな革命」を精神的に先取りした作家ともいわれている。彼女の円熟期の小説である『カムラスカ』（1970）と『シロカツオドリ』（1982）はケベックの2つの土地にインスピレーションを受けて書かれたものである。小説はあくまでフィクションなので、そこに描かれた風景は必ずしも現実を忠実に反映しているわけではないが、本章ではこの2作を取り上げながら、そこに描き出されたケベックの広大な風景のなかを散策してみたい。

01カムラスカの入り江。

『カムラスカ』の雪原

カムラスカはケベック市から１７０キロほどセントローレンス川を下ったところに位置する実在の村である。17世紀から植民が始まり、19世紀にはカナダの主要な保養地の一つにもなった風光明媚な村で、入り江では今もウナギの養殖が盛んに行われている。１８３９年、ある事件がこの村を震撼させる。カムラスカ（Kamouraska）という地名は先住民アルゴンキンの言葉で「イグサが生い茂る水辺」という意味だが、そこはまた、この地名が内包しているように、愛（amour）ゆえの悲劇が繰り広げられる舞台にもなるのだ。

小説の主人公エリザベットは恋を知らぬまま、16歳の若さで、カムラスカ領主のアントワーヌ・タシのもとに嫁いでくる。２５０アルパン（約85ヘクタール）の広大な領地をもつ夫との結婚は良縁と思われた。しかし、この地に来てまもなく、夫の奇行や暴力を知ることになる。病に伏せりがちになった彼女に紹介されたのは、夫の元級友でアメリカ人医師のネルソンだった。2人は互いに惹かれ合うようになり、ともにアントワーヌの殺害を計画するに至る。彼に手を下したネルソンは国境へ逃げ、エリザベットだけが出廷させられるが、姑《しゅうとめ》の計らいで告訴は取り下げられる。彼女は結局、名誉を救ってくれたケベック市の公証人で高齢のジェローム・ロランと再婚し、今は貞淑な妻を演じている。事件から18年後、死期迫る夫の看病をしながら、仮眠中の彼女の脳裏には過去のさまざまなシーンが去来する……。

実話に取材したこの小説は、パリのスイユ社から出版されたこともあり、エベールの名をフランス語圏世界全体に知らしめることになった。残念ながらすでに絶版だが、『顔の上の霧の味』というタイトルで邦訳も出版されている（朝吹由紀子訳、講談社、1976年）。また、1973年にはケベックの巨匠クロード・ジュトラ監督によって映画化され、エベール自身もシナリオ作成に協力している。映画では、ほとんどモノクロといってもよい映像のなかに、カムラスカの入り江や雪原が映し出される。なかでも、エ

02 カムラスカ領主の館。1885年の火災後に再建され、現在は民宿になっている。

リザベットの実家があるソレルからカムラスカまで往復６００キロの道程を、ネルソンが馬橇《うまそり》に乗ってアントワーヌを殺害しに行く場面は印象的だ。日本でもファンが多いアンドレ・ガニョンによるテーマ曲が流れるなか、愛人と自分自身を救うためには旧友を殺すしかないと思い詰めた男が、雪道に足をとられる馬に鞭をあてながら目的地に急ぐ姿は、観る者の瞼《まぶた》に忘れがたい印象を残す。

『シロカツオドリ』の海景

一方、１９８２年にフェミナ賞を受賞した『シロカツオドリ』は、ガスペ半島の突端に想定されたグリッフィン・クリークという架空の村で繰り広げられる物語である。灰色の空を背景にして見渡すかぎり続く白い砂州と、その手前に広がる黒々とした林のコントラストが生み出すのは、絵画的ではあっても、決して陽気とはいえない風景だ。すぐ近くのボナヴァンチュール島は、世界でも有数のシロカツオドリの保護区だが、そこから飛来してくる海鳥の黄色の頭部も、この単色画にあまり色を添えてはくれない。

この村には、２００年前にアメリカの独立戦争を逃れて移住してきた王党派《ロイヤリスツ》の子孫がひっそりと暮らしているのだが、１９３６年のある夏の晩、年頃の２人の娘ノラとオリヴィアが突然浜辺から姿を消す。小説はサスペンス仕立てで、各章はこの村の主要人物たち、すなわち牧師のニコラ・ジョーンズ、父親に勘当され、５年間北米大陸を放浪した末に一時帰郷した青年スティーヴンズ、彼の弟ペルスヴァル、そして失踪した２人の娘による回想と証言で構成されているのだが、全体を統括する視線が存在せず、しかも各人の記憶には曖昧な部分や故意の言い落としも多いので、読むのはいささか骨が折れる。しかし、シロカツオドリの甲高い鳴き声や荒れ狂う嵐などの外界の描写と、登場人物たちの秘められた内面との照応関係を描き出す手法には、エベールの詩人としての感性が存分に発揮されている。

「川という川を氾濫させ、橋や家を押し流した」嵐が三日三晩続いた夏の終わりのこと。大しけの海を眺めに行ったスティーヴンズは、次第に「自分が熱に運び去られる1本のわらくずになっていく」のを感じる。それと同時に、歌にも似た何かが彼の血管からこみ上げてきて、風のように自由な気分を味わう。息をしても聞こえるほどの閉鎖的空間に蓄積されたエネルギーを解き放つかのごとく荒れ狂う嵐。青年は浜辺で体中に雨風を浴びながら叫んでいるうちに、歓喜と狂気、開放感と陶酔感の入り混じった奇妙な感覚にとらわれていく。そのような若者の内に秘められた狂気が、適齢期の2人の娘のエロティシズムに抵抗しきれなかったことを読者が知るのは、小説の最後に行われる彼自身の独白によってである。

殺害された2人は重しをつけて海に流される。2ヵ月後の新たな嵐の翌日、ノラの死体は海岸に打ち上げられるが、年上のオリヴィアの死体は見つからない。ところが彼女は「肉体も魂もなく、欲望だけになって」、時折、沖から満ち潮に乗ってグリッフィン・クリークに戻ってくるのである。彼女は誰かに殺されたことは自覚しているが、その犯人を知らないし、犯人に対して恨みももっていない。にもかかわらず、生前の場所をうろつくのはなぜだろうか？　彼女のほうもまた、スティーヴンズに思いを寄せているからだ。彼女が恋人との抱擁を想像する場面は、皮肉にも殺害の場面と二重写しになる。

しかしながら、エベールの想像力はガスペ半島の浜辺を狂気の舞台にするだけにとどまるものではない。今やオリヴィアのほんとうの住処《すみか》となった沖のほうは、どのように描かれているのだろう？

浜辺が幼年期（そして不幸な死）の記憶と深く結びついているのに対して、沖は成熟した女性たちが住まう豊かな国として表象されている。見渡すかぎりの海原は、まるで胎児を宿した母親のお腹のように膨らんでいる。オリヴィアは沖で大人の仲間入りをし、母や祖母たちと合流する。彼女の「欲望」が相変わらず毎日のように浜辺をうろつくとしても、肉体から解放された彼女は「風と結婚し」、「目に見えぬカモメのように空を舞い」、実に軽やかだ。オリヴィアの居場所が沖にしかないということ、肉体も魂も失って、「水の精」にならないと解放されないというのは、悲しい現実だ。しかし好奇心や嫉妬心、怒り、ゆがんだ性欲、恐怖心などさまざまな感情がもつれあった3人の若者を襲った不幸の物語において、犠牲者自ら、海の彼方のかくも自由で豊穣な世界について語ってくれるのは、読者にとって慰めには違いない。

アンヌ・エベールの小説ではしばしば殺人事件が起きる。1759年にアブラハム

（アブラム）平原での英仏の戦いに敗れて以来、１９６０年代の「静かな革命」に至るまで、「ケベコワ」たち（ケベックのフランス系住民は自分たちのことをこう呼ぶ）は２００年間にわたって、いわば「国民的」沈黙を強いられてきたわけだが、その沈黙は女性にとっては二重である。エベールの小説空間を理解するためには、ケベコワたち、とりわけ女性たちが置かれてきたそのような状況を理解しておく必要がある。精神的な閉塞感のなかで、自由を求める登場人物たちの欲求が、時に広大な雪原に、時に大海原にその発露を求め、現状打開の手段として殺人が犯される。もしも現在の私たちがこのような状況設定をいささか古びていると感じるとすれば、それはとりもなおさず、ケベコワがすでに自分たちのアイデンティティと自由を獲得したからであり、エベールが小説空間で問いかけてきたことが現実社会でも実を結んだことの証しではないだろうか。（小倉和子）

28

日系文学の世界

強制立退きの影と多文化社会のディレンマ

日系カナダ文学といえば、まずジョイ・コガワ（１９３５～）の『オバサン』が筆頭にあがる。１９８１年、それまでの沈黙を破って第二次大戦中の強制立退きと戦後の苦難の物語をフィクション化し、一躍脚光を浴びた。日系人渡加１００周年４年後の快挙である。本章ではここに至るまでの日系文学の世界、そしてその後の行程を旅してみよう。

一世の詩歌と二世の声

最初の文学作品は邦字新聞に掲載された日本語の短歌や俳句で、労働や家事の合間に折々の心情を歌っている。第二次大戦中、強制収容所でも同好会ができているし、戦後1956年にアメリカのシアトル短歌会が出した『レニアの雪』のなかには日系カナダ人の作品もある。その一人、中野千里（本名・武雄、1903〜99）はのち雨情と号を改め、トロント如月短歌会の中心人物となって、1972年、合同歌集『楓』を出した。これに先立つ1964年、中野は宮中歌会始の御題「紙」に「宣誓」と題する次の一首を寄せ、応募4万6886首から選に残った12首に入る栄誉に浴した。「墳墓の地カナダと決めて宣誓紙に　署名するわが手はふるえたり」。カナダの市民権を得る喜びと日本国籍を失う寂しさ——悲喜こもごもの情感あふれる、一世ならではの体験である。5年後の1969年、東京で出版された彼の歌文集『宣誓』に収められた。

　カナダ生まれの二世になると、アイデンティティ意識は微妙で複雑なものになる。カナダ人として平等の教育を受け、主流社会に同化しようといかに努力しても差別と偏見にさらされ、強制立退きの対象にすらなった。親の祖国とはかけ離れ、カナダ社会に自信をもって根を張ることもできず、宙ぶらりんの状況に苦悩する。1938年創刊の日系英字新聞『ニューカナディアン』紙に掲載された短編の典型的登場人物は、人種差別と排斥の屈辱感、一世とのジェネレーション・ギャップの悩み、果たされぬ願望への焦燥感、無力感に支配され、ハッピーエンディングはないという。一方、1945年から1960年のいわゆる再定住期に同紙掲載の短編を詳査した山本岩夫氏は、人種問題を批判的に取り上げた作品がカナダで終戦の1945年

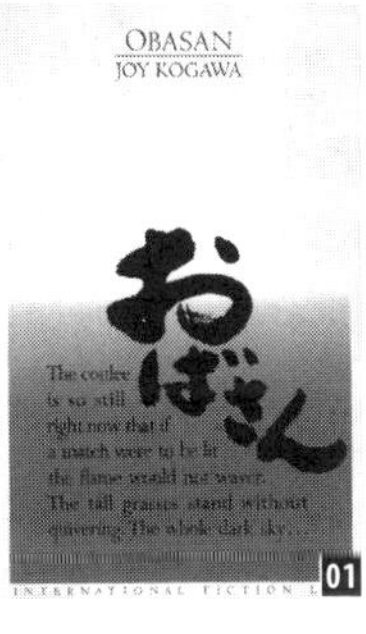

01『オバサン』の初版本。

にすでに現れていることは注目すべきで、この点、日系アメリカ人のケースと大きく異なると指摘する（立命館大学日系文化研究会編『戦後日系カナダ人の社会と文化』不二出版、２００３、参照）。

多文化政策の下で

１９７１年、カナダ政府は正式に多文化主義政策を採用するが、その前後から日系人の意識に変化が見られ、発言の場も増している。１９７１年、画家シズエ・タカシマは『強制収容所の少女』に、13歳で自ら体験した強制立退きを美しい水彩画入りで淡々と綴り、エピローグには終戦から15年を経た１９６４年、時の首相レスター・B・ピアソンがトロント日本文化会館開館式で、強制立退きをカナダの伝統に反する汚点と認めたスピーチを引用している。内外で版を重ねたこの「児童書」は、日本でも１９７４年、前川純子訳が冨山房から出た。１９７５年には前述の合同歌集『楓』の英訳版がトロントで出版された。『ニューカナディアン』紙に短編を寄稿していた一人でもあるケン・アダチ（１９２８〜８９）は、１９７６年、学究的かつ批判的な日系人史『存在しなかった敵』を出版するが、これは連邦政府が多文化政策に基づいて計画した「カナダの諸民族の歴史」の一環として進められた。また中野は、『宣誓』の英訳を企画して連邦政府の多文化政策に基づく翻訳助成金を受け、原書の一部に収容所日記などを加えた英文版『鉄柵のうち』を１９８０年に出した。

1977年にはカナダ放送会社（CBC）が日系カナダ人渡加100周年を記念して特別番組「虚空――日系カナダ人の作品より」を企画し、二世詩人ジェリー・シカタニ（1950〜）に編集・解説・朗読を依頼した。これをもとにシカタニは4年後の1981年、カナダ・カウンシルとオンタリオ芸術振興会の援助を受けて、『障子――日系カナダ人詩集』を出版する。中野を含む一世6人と二世2人の短歌と俳句は原文・ローマ字表記・英訳の3形式で、シカタニを含む二世5人の詩は原文のまま載せ、英訳は共編者デイヴィッド・エイルワードが担当した。同じ1981年にコガワの『オバサン』が出た背景には、こうした多文化志向の後押しがあったのである。

二世詩人ロイ・キヨオカとジョイ・コガワ

『障子』に載った詩人で1976年版のC・F・クリンク総監修『カナダ英語文学史』に名前が出ているのはただ2人、ロイ・キヨオカ（1926〜94）とジョイ・コガワである。カナダ文壇でささやかな評価を得ていたわけだが、両者とも出発点では日系人としての意識には無関心、あるいは否定的だった。画家・美術教師・彫刻家・写真家として1950年代からすでに活躍していたキヨオカは、前衛的なモダン・アーティストとしてひたすら芸術の道を歩む孤高の存在だった。文学少女だったコガワは短編小説の創作を試みたこともあるが、登場人物には白人家族を据え、日系の背景はひた隠しにしている。この作品は結局未発表に終わり、彼女は短編を断念して、夢やシンボリズムを使い主観的に表現できる詩に転じたという。

キヨオカに転機をもたらしたのは1963年、父親と日本を訪れ、自らのルーツに触れた体験だった。翌年出した処女詩集『キョート・エアーズ』および1969年、大阪万博に出品する彫刻制作のため日本を再訪した折の山陰や広島への旅の印象を収めた『車輪』には、自らの出自に関する強いこだわりが表れている。ヴァンクーヴァーの日系人が毎年開くパウエル祭にも積極的に参加する常連となった。

コガワも1969年に初めて日本を訪れ、その後出した詩集『夢の選択』には、日本の印象に加え、強制立退きや収容所の思い出を歌ったものも含まれている。『障子』に収録された「老人ホームの一世への祈り」には、白人社会に受け入れられるために無意識のうちに拒絶してきた一世への同情と共感を歌い、この心境の変化が『オバサン』執筆のきっかけになったという。

『オバサン』——沈黙から言葉へ

『オバサン』（邦訳『失われた祖国』）は、一世のアヤ伯母さんが守り続ける「沈黙」と二世のエミリー叔母さんが事実を究明して叫ぶ「言葉」をモチーフに、主人公ナオミのアイデンティティ探求をテーマにした物語である。大戦勃発前に祖母とともに日本へ里帰りしたまま音信不通になっている母親探しとも重なる。母の妹エミリーが姉宛に書き残した手紙を頼りに、36歳のナオミは子供時代に体験した強制立退きと戦後の再定住政策の真相を追及し、沈黙から言葉へと開眼していく。突破口となったのは、フィクションとして挿入された母の長崎での被爆死を知らせる一通の手紙だった。終章でエミリーのコートをまとい、暁の草原に立って、「イツカ、マタ、イツカ」と願いつつ逝ったイサム伯父さんの無念さに思いを馳せるナオミは、『オバサン』執筆後、第二次大戦時の強制立退きに対する補償請求、通称リドレス運動に献身していくコガワ自身と重なる。1988年9月、リドレス運動は成功し、この運動をテーマに4年後出版された『イツカ』につながった。

『オバサン』は出版当初から大反響を呼び、初版は1週間で売り切れて再版が追いつかなかった。全米図書賞はじめ米加の数々の賞にも輝いた。戦時下の緊急措置とはいえ、コガワが明るみに出した強制立退きの事実は、自由と公平の精神を自負する一般のカナダ人に開眼の機会を与えたのである。作品のもつ抒情的美しさも高い評価を受けた。

その後の日系文学――ロイ・ミキとジェリー・シカタニ

1990年、『カナダ英語文学史』に新たに加えられた第4巻には、キヨオカとコガワの他に前記中野武雄とケン・アダチ、そしてロイ・ミキ（1942～）とジェリー・シカタニが載っている。ミキはリドレス運動に積極的に参加した三世詩人・評論家・英文学者で大学名誉教授、2002年には3作目の詩集『降伏』で日系人初の総督文学賞に輝いた。作風はポストモダン、抒情と政治性を交えた才気縦横な佳作で、日系人としての民族意識は濃厚である。キヨオカを崇拝し、１９９７年には彼の遺作詩集『太平洋の窓』の編集も手がけているミキは、キヨオカこそこの賞を受けるべきだったと、巨星の早過ぎる死を嘆いていた。

シカタニは二世だが、戦後生まれで三世の世代に属する。上記『障子』編集のほか、欧州各地を放浪して書き溜めた『アクワダクト』に代表される、コンクリート・ポエム（文字や単語や記号の絵画的配列によって作者の意図を表そうとする詩）の技法を駆使した詩集を出し、朗読とパフォーマンスも得意とする。パリやスペインの生活を楽しむ飄々《ひょうひょう》としたダンディとの印象だったが、１９９６年の出版で、２０１１年邦訳も出た『湖・その他の物語』には日系の背景が意識的に織り込まれ、作者の心の深層に迫ることができる。

新人ヒロミ・ゴトーとケリー・サカモト

ミキやシカタニのほか、現在活躍している日系文人には詩人のサリー・イトー、ケヴィン・イリエ、詩・小説・演劇を手がけるテリー・ワタダなどがいるが、とくに注目を浴びているのは小説家のヒロミ・ゴトー（１９６６〜）とケリー・サカモト（１９６０〜）である。ゴトーは千葉県生まれ、１９６９年、家族とともにカナダに移住した新移民で、１９９５年、『キノコの合唱』でコモンウェルス処女小説賞を受けて以来、次々と作品を発表している。フェミニズムと反人種差別主義の濃厚な作家で、平等であるべき多文化社会にいまだに残る白人／男性優越主義を痛烈に糾弾する。

三世のサカモトは1998年、『送電線のある風景』（邦訳『窓からの眺め』）でコモンウェルス処女小説賞に輝き、総督文学賞の候補にもなった。ミステリー紛いに進行するこの作品には、親の世代が体験した強制立退きの影が執拗《しつよう》に漂う。多文化政策が定着し、強制立退きに対する謝罪と補償が実現した後もなお、過去の亡霊は生き続ける。あるいは、多文化社会で独自の文化を主張するためには、過去の遺産に、たとえ負の遺産であっても、立ち返る必要があるのかもしれない。

最後に、ケベック州では日本から移住して新たに習得したフランス語で小説を書き、2005年、5作目の『ホタル』で総督文学賞仏語小説部門での受賞を果たしたアキ・シマザキ（1954〜）がいることを付記しておく。

（堤　稔子）

29

児童文学の旅

作品に映し出された地域と社会

児童文学とカナダといえば、まず『赤毛のアン』とプリンス・エドワード島が思い浮かぶが、実はカナダの児童文学の多くが地域と強く結びついている。そこで、ここでは知名度の高いプリンス・エドワード島を避け、西から東へとカナダ児童文学の旅をしてみたい。

ブリティッシュ・コロンビア州

西の太平洋と東のロッキー山脈にはさまれたブリティッシュ・コロンビア州は、海、山、湖、森林といった、カナダらしい風景が自慢の美しい州である。カナダのなかでも人気の高い都市ヴァンクーヴァーは、気候が穏やかなうえ、アジア系の人口が多く、日本人にとってはどこか居心地のいい街だ。しかし、第二次世界大戦時に起こった日系カナダ人強制収容の悲劇は癒しがたい傷を残した。

この悲劇を正面から扱ったのが、日系カナダ人詩人で作家のジョイ・コガワ（1935～）で、『オバサン』（1981、邦題は『失われた祖国』）は多くのカナダ人の心を揺さぶった。この作品を子供向けに書き改めたのが『ナオミの道』（1986）である。ヴァンクーヴァーで家族と幸せな日々を送っていた幼いナオミが、開戦後まもなく、敵国人であることを理由に強制収容所に送られ、劣悪な環境での生活を強いられる過酷な運命をナオミの目線で綴ったものだ。悲劇的な物語の一つの希望は、終戦間近に知り合った白人カナダ人の少女とナオミとの間に生まれた友情で、コガワが若い世代に伝えたい思いが込められている。

二〇〇三年になって、強制退去を命じられたときにジョイ・コガワと家族が住んでいたヴァンクーヴァー市内の家が現存していることがわかり、今ではコガワ・ハウスと呼ばれて、市の歴史的建造物として保存にも力が注がれている。ダウンタウン南の静かな住宅地にあるその家は、大きくはないが家族が心地よく住める機能的な作りで、少女期のコガワが使っていた部屋も残されており、幸せな一家に降って湧いた悲劇に思いを馳せないわけにはいかない。

01『ナオミの道』（2005年版）（Kogawa, Joy. *Naomi's Road*. Markham, Fitzhenry & Whiteside, 2005 (1986)）。

一方、ダウンタウンの北側には、繁華街ガスタウンに隣接して、北米でも屈指の中華街がある。再開発で化粧直しされた街は、新旧の中国文化が共存していておもしろい。ここはふだんもにぎやかだが、旧正月を迎える時期にはお祭りムードが一気に盛り上がる。イアン・ウォレス（１９５０〜）による『チンチャンと竜の舞』（１９８４）は、そんな中国古来の文化の継承と中国系カナダ人少年の思いをとらえた絵本である。中国伝統の竜の舞を演じる年齢になった少年チンチャンが、なじみのない踊りへの戸惑いや緊張と闘いながらも、無事に技を受け継ぎ、パレードでお披露目ができるまでになる。異国の地で母国の伝統を伝え続けることは、たやすくないはずだ。しかし、辛抱強く文化を受け渡していく彼らの姿勢にはエールを送りたい。

さて、ブリティッシュ・コロンビア州を東に進むとロッキー山脈にぶつかるのだが、その少し手前に、一般の観光案内書には登場しないクートニーという地域がある。ここは森林と湖、そしてロッキー山脈が作り出す美しい自然と、ロッキーからの寒風が吹き降ろす厳しい自然が同居する場所であり、また、２つの対照的な児童文学が生まれた地でもある。

一つは、日系カナダ人強制収容を扱った『強制収容所の少女』（１９７１）である。これは、画家であり児童文学作家であるシズエ・タカシマ（１９２８〜２００５）の実体験

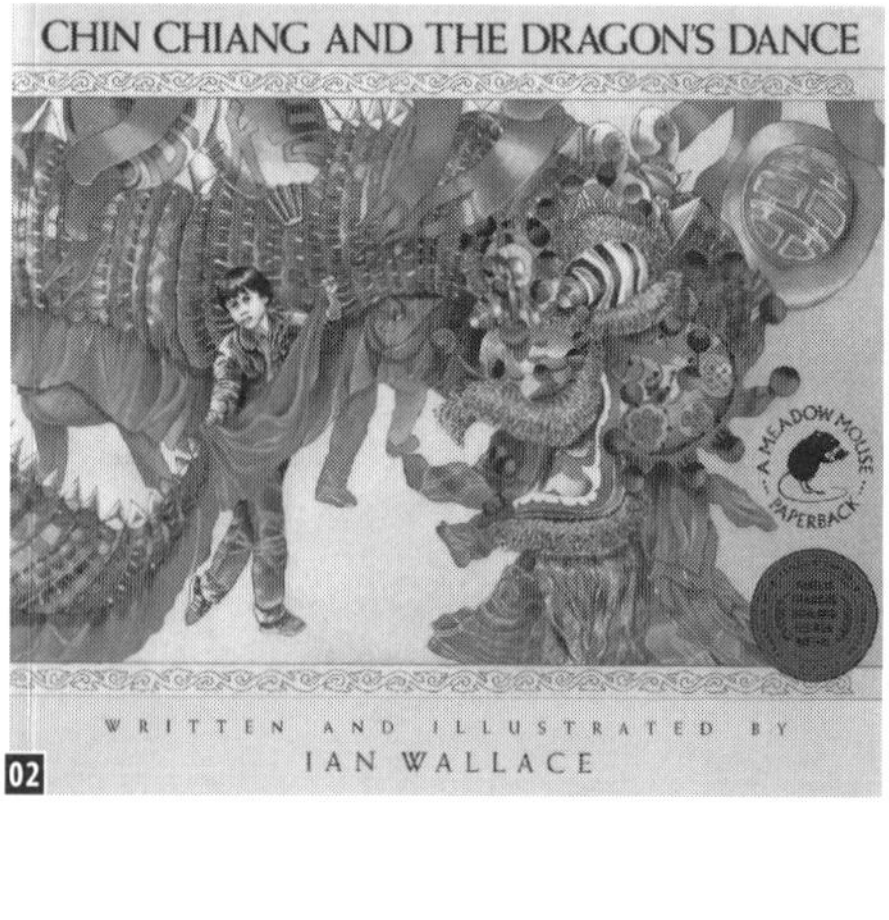

02『チンチャンと竜の舞い』（Wallace, Ian. *Chin Chiang and the Dragon's Dance*. Tronto: Groundwood, 1984）。

から生まれた作品で、冬には人が住むには厳し過ぎる寒さになるクートニー周辺に作られた日系人収容所での日々が綴られている。先の『ナオミの道』とは違った趣きをもち、美しい印象画風の水彩画がかえって厳しい現実を連想させる。もう一つはキャサリン・A・クラーク（1892〜1977）によるカナダ初のファンタジー作品『金の松かさ』（1950）である（第37章参照）。白人の兄妹が、湖のほとりで見つけた松かさの形をした金の耳飾りを、持ち主であり、この森林と湖の世界を統べるインディアンの女神のもとへ届ける冒険の旅をする。湖底の世界、氷の国、緑深い谷を舞台にした冒険ファンタジーは、クートニーの豊かな自然とそこに住む先住民への理解なくしては生まれなかっただろう。

プレーリー地帯

ロッキー山脈を越えて東に進むと、プレーリー（大草原）と呼ばれるカナダの穀倉地帯が広がる。起伏のない広大な大地に立つと、人間がずいぶん小さな存在に思えてくるから不思議だ。アルバータ州とマニトバ州の農場で少年時代を送った、画家で絵本作家のウィリアム・クレリック（1927〜77）もそんな思いを抱いたのだろうか。彼の絵本『農場の少年の冬』（1973）は、著者自身と思われる主人公の少年の日常を追いながら、プレーリーの冬の訪れ、真冬の家畜の世話、雪滑り、お手製のリンクでアイスホッケーに興じる様子などを絵と文で綴ったもので

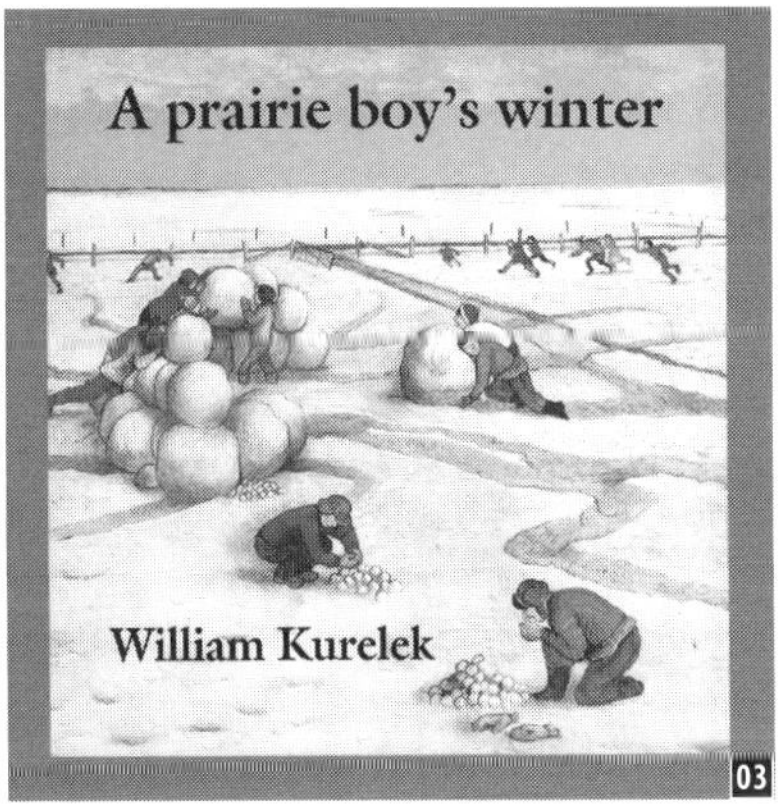

03『農場の少年の冬』（Kurelek, William. *A Prairie Boy's Winter*. Tronto: Tundra, 1973）。

ある。圧倒的な広さの空と大地に対して小さく描かれた人の姿や、農場の日々は、読者にも広大なプレーリーでの生活を実感させてくれる。

マーサ・ブルックス（１９４４〜）の『ハートレスガール』（２００２）は、マニトバ州の州都ウィニペグから1時間ほどのところにあるペンビナという田舎町を舞台にした、現代ヤングアダルト小説である。この地域に住む年配の顔なじみしか訪れない湖畔のひなびたカフェに、常識はずれの16歳の少女が転がり込んできたことで、眠たげな町のすべてが一転する。男友だちのもとを飛び出したという少女は、何をやっても裏目に出るばかりだが、カフェの常連たちはおずおずと彼女に救いの手を差し伸べ始める。ウィニペグは現在人口70万人ほどの中規模の都市だが、ひとたび中心部を離れると、どこまでも農地や森が広がり、人の気配はまばらになる。そんな物憂い田舎町に人情の血が通い始める様子を、この作品は丁寧に伝えている。実はマニトバは先住民の人口が多い州である。作品では彼らのことを前面に出してはいないが、カフェの経営者も常連客も古くからこの地に住む先住民であり、彼らの生活に活気が戻るところは、逆に現代カナダにおける彼らの停滞した生活ぶりが伝わり、考えさせられるものがある。

オンタリオ州

オンタリオ州は南東部に首都のオタワと大都市トロントがあり、カナダでも中心的な役割を担う州ではある。しかし、北部には原生林が広がり、ここでも都市と自然が隣接している。オンタリオ湖の周辺は植民地時代にイギリスからの移民の多くが植民生活を始めた場所でもあり、カナダでは古い歴史をもつ。

そんな地を舞台にしたのが、キャサリン・パー・トレイル（1802～99）による『カナダのクルーソーたち』（1852）である。これはフレンチ・アンド・インディアン戦争（七年戦争）直後の時代に、オンタリオ湖近くの森林地帯で迷子になった少年と少女3人が2年間のサヴァイヴァル生活を余儀なくされ、その間に先住民同士の争いに巻き込まれるなどの危機に陥る冒険物語で、カナダ人による最初の本格的な児童文学といわれている。

現代カナダ児童文学を代表する作家ティム・ウィン＝ジョーンズ（1948～）による『マエストロ』（1995）は、カナダ人ピアニスト、グレン・グールドへのオマージュ的な作品である。横暴な父との確執に苦しむ少年バールは、父の暴力から逃げて森の奥深くに分け入るが、そこで目にしたのは、風変わりなガラス張りの小屋と、そこを隠れ家とするピアニストであった。彼の名声など知らぬ無骨な少年とピアニストの間に奇妙な友情と信頼関係が育っていくが、ピアニストの急死で事態は思わぬ方向に展開する。物語は、森林地帯とトロントを舞台に展開し、荒々しい奥地の自然と洗練された都会生活の対比は、この作品の魅力にもなっている。

華やかな大都会トロントの片隅に埋もれた家族と少女の痛みを扱ったのが、デボラ・エリス（1960～）の『Xを探して』（1999）である。未婚の母と障害のある幼い双子の弟と暮らす少女は、母が仕事に出ている間、弟たちの世話をまかされている。だが、それは一人の少女の手に負えるものではない。そんな彼女は、市内の公園で得体の知れぬ老女Xと出会い、次第に彼女に心を開いていくのだが、はたしてXは実在するのか？福祉からこぼれ落ちそうな家族を取り上げ、大都会の裏側に切り込んだ作品である。

ケベック州

フランス語圏カナダのアニメ作家フレデリック・バック（１９２４〜）による『木を植えた男』（１９８７）は、日本でもよく知られている。そのバックと生物学者クロード・ヴィルヌーヴ（１９５４〜）の共作『大いなる河の流れ』（１９９６）は、同名のアニメをもとに生まれた絵本である。ケベック州の南を西から東へと流れるセントローレンス川（仏語ではサンローラン川）は、植民地時代から現代に至るまで、人や物資の運搬だけでなく、カナダの経済成長を支えてきた重要な川で、フランス系カナダ人にとっては思い入れの深い川でもある。この絵本は、セントローレンス川の姿を太古から現代まで追うことで、自然と人間の関係や、人間同士の調和と対立の歴史を描き出していく。今、この川は人間の愚かな行為により生気を失いつつあるのだが、川が本来の姿を取り戻せるかどうかは、人々の姿勢にかかっているのだと締めくくる作者の言葉は、カナダ全体、ひいては地球全体の未来に投げかけられた重い言葉と受け取ることができるだろう。

（白井澄子）

第6部

「日系人の過去と現在」を旅する

30

ヴァンクーヴァーの日系人 苦難の半世紀

初期の日本人移民と日本人街

カナダ旅行の第一歩はたいていヴァンクーヴァーから始まる。そして、ツアーガイドが必ず案内するのが、ヴァンクーヴァー発祥の地「ガスタウン」だ。だが、今回旅するのはここではない。ガスタウンから少し東に、パウエル・ストリートという通りがある。今ではホームレスや麻薬中毒者が目につき、あまり環境がよいとはいえないこの付近「パウエル街」は、第二次大戦が始まるまで日本人街として栄えたところだ。今でも道路の両側に並ぶ古びた家には消えかかった日本語の看板が残っていたりする。

日本人がカナダに移民し始めるのは、横浜・ヴァンクーヴァー間に太平洋航路が開通した1887年以降だ。最初は出稼ぎ目当ての独身男性がほとんどだった。19世紀末のヴァンクーヴァーは林に囲まれ、製材所が多かった。パウエル街近くの製材所にも日本人労働者がたくさんいたので、彼らのために下宿屋、飲食店、銭湯、理髪店などが次々にできた。やがて日本からの移民がカナダに根を下ろし、カナダ生まれの子供ができる頃には、日本の食料品や雑貨、衣料品の店が並び、にぎやかなパウエル街は日系人の成功の象徴となった。1906年には、子供たちのために、海寄りのアレグザンダー通りに日本語学校も設立された。しかし、「パウエル街」の栄光は、太平洋戦争の開始とともに消え去った。

さて、明治期カナダに移住したのはどのような人々だったのだろうか。カナダ移民第1号として知られているのが、1877年にカナダに上陸した長崎県出身の船乗り永野萬蔵である。最初はサケ漁に従事していたが、その後はあちこちでさまざまな仕事に就いたのち、ヴィクトリアで日本の美術品や雑貨を扱う商店やホテルの経営で成功した。そして、上陸から100年後の1977年、ヴァンクーヴァーの北400キロの山中の峰が、カナダ地名委員会によって「マウント・マンゾー・ナガノ」と命名され、彼の名が地図に残ることになった。

日本からの本格的移民は、1888年にヴァンクーヴァーに上陸した和歌山県出身の大工、工野儀兵衛が、フレーザー川をさかのぼるサケの大群に感動したことから始まった。「川がサケの背で銀色に染まっている！」儀兵衛が故郷に宛てた手紙に紀伊半島最西端の漁村、三尾村の人々は色めき立ち、カナダに向かった。彼らはヴァンクーヴァーの南17キロに位置する漁港スティヴストンを拠点に漁業に従事した。やがてスティヴストンは日系人漁業の中心となった。数千人の日系人漁業組合も組織され、白人漁業者に対抗して自分たちの利益を守った。

排斥

日系人の歴史をたどる旅で避けられないのが、排斥である。日系人が集中する太平洋岸のブリティッシュ・コロンビア州は、19世紀半ばまではイギリスのハドソン湾会社が所有し、先住民との毛皮交易が中心の未開の地であったが、１８７１年に連邦に加入して州となった。その名が示すとおりイギリス人の影響力が強く、白人が移住してくることを期待していた。ところが、期待に反して中国人移民が鉄道建設や炭坑の仕事に従事したため、中国人排斥が続いていた。あとから到着した日本人移民も、州のアジア人排斥法によって就業の機会が制限された。さらにアジア人の場合は、帰化して「英国臣民」となってもブリティッシュ・コロンビア州では選挙権がなかった。

そんななか、選挙権を得るために日系人を代表して１９００年にヴァンクーヴァーで裁判を起こした人物がいた。かつて漁業組合のリーダーを務めていた本間留吉である。彼の訴えは一審、二審では認められた。連邦の帰化法では帰化移民にもカナダ生まれと同等の権利が保証されていたので、裁判所は州選挙法の行き過ぎを指摘した。しかし、イギリス帝国の最上級審にあたるイギリス枢密院が、選挙権の問題は州法の範囲であると判断し、最終的に本間の訴えは認められなかった。

１９０７年、日本人街と中国人街がアジア人排斥を叫ぶ暴徒に襲撃される事件が起こった。日系人側に怪我人は出なかったものの、パウエル街では店の窓ガラスが投石で破壊されるなどの被害が出た。「ヴァンクーヴァー暴動」と呼ばれるこの事件に衝撃を受けたカナダ政府は、日本人の渡航制限を求めて日本に特使を派遣した。その結果、両国の間に協約が交わされ、日本からカナダへの移民数は大幅に減らされることになった。

しかし、それでも日系人排斥は収まらない。日系人がカナダに根を下ろし、各方面で成功し始めると、日系人閉め出しにあらゆる手が考えられた。１９１０年代には日系人の土地所有禁止を求めたり、漁業ライセンスを削減して日系漁業者を閉め出したりする運動が次々と展開された。あるいは日系人男性が、写真の交換だけで日本から女性を呼び寄せる「写真結婚」によって家庭をもち始めると、「愛のない結婚」と非難され、排斥の理由となった。

カナダに根を下ろす日系人たち

カナダの日系人人口は１９１０年代には１万人を超えた。その95％が集中するブリティッシュ・コロンビア州では、日系人たちが排斥にもめげず、カナダ社会に溶け込も

01 １９２０年に日本人会の募金などで建てられた第一次大戦日系人従軍記念碑（１９２５年当時。カナダ日系人博物館所蔵）。

うとしていた。そんななかで日系人たちの楽しみの一つが野球だった。仕事の合間や余暇に大人も子供も野球に熱中した。野球を通じて少年たちに「大和魂と武士道」を教えようとする試みもあった。

　１９１４年には日系人アマチュア野球チーム「ヴァンクーヴァー朝日」が結成された。この「朝日」はフェアプレーで白人を感動させた。また、バント、スクイズ、盗塁などの小技で体格の大きい白人選手に対抗する独自のスタイルが、野球ファンの心をつかんだ。「朝日」の活躍は日系人に勇気と誇りを与えた。しかし、太平洋戦争の開始によってチームは解散に追い込まれた。それから60年あまり、２００３年に「朝日」はオンタリオ州セント・メリーズのカナダ野球殿堂入りを果たし、チームの活躍があらためて注目されることになった。

　さて、ヴァンクーヴァーのスタンレー・パークの一角に日系人の活躍を示すものがある。第一次大戦でカナダ軍に志願して戦った日系カナダ人の従軍記念碑である（写真01

参照)。1914年、イギリスの宣戦布告とともにカナダはイギリス帝国の一員として参戦することになり、日系人がカナダに対する愛国心を示すまたとない機会が訪れた。200名近い日系人義勇兵がヨーロッパ戦線で戦い、戦死者54名、負傷者93名という犠牲を払った。戦争終結後、このときの日系人帰還兵はカナダのために戦った功績を認められ、1931年についに選挙権を獲得した。

毎年11月11日は、欧米各国では第一次大戦の戦勝記念日として祝われる。カナダでは"Remembrance Day"と呼ばれ、スタンレー・パークの従軍記念碑の前でも、日系退役軍人たちが中心となって式典が行われる。記念碑の周囲は今では木々が生い茂り、ふだんはあまり目立たないのだが、この日ばかりは日系人でにぎわう。

運命を変えた第二次大戦と戦後の再出発

1941年12月7日、日本軍による真珠湾攻撃で太平洋戦争が始まると、カナダはただちに日本に対して宣戦布告した。政府はすべての日系人を「敵国人」と定め、まずカナダにとって「危険」とみなされた日系人38人が拘留された。やがて年が明けると、戦時措置法によってブリティッシュ・コロンビア州の太平洋岸から100マイルの地域が「防衛地帯」に指定され、そこから全日系人が立退くよう命令された。日系人2万1000人は市内の仮収容所へイスティングス・パーク(現在は競馬場がある)に集合させられ、その後、州内の10ヵ所の内陸収容所、道路建設現場、あるいはロッキー山脈の向こうへと送られた。

もちろん、日系人が持ち出しを許されたのは身の周りのわずかの品々だけ。半世紀にわたって築き上げられた財産もキャリアも一瞬のうちに失われた。さらに戦争終結後も、１９４９年までブリティッシュ・コロンビア州に戻ることは許されなかった。日系人人口が同州に集中することを恐れた政府は、日系人がカナダ全土に拡散するよう指導したからである。こうして、日系人はゼロからの再出発を余儀なくされた。それから約40年後、１９８８年にカナダ政府は日系人に謝罪し、戦中戦後の物理的、心理的被害に対して補償を行った。

（高村宏子）

31

トロントとモントリオールの日系人
多文化社会への定着

「ヴィジブル・マイノリティ」としての日系人

トロントとモントリオールは、それぞれ独特の歴史と文化が色濃く示されている大都市。その町を歩いて、まず気づくことの一つが、アジア系とおぼしき人々——国勢調査で用いられる用語では、「ヴィジブル（目に見える）・マイノリティ」——が多いことであろう。そして、その印象には確固とした裏づけがある。

2006年度の国勢調査（2011年の国勢調査のエスニック集団関連の結果がリリースされるのは2012年後半とされており、2006年度のものが最新）では、過去5年間のカナダ全人口は5・4％の増加を見ている。増加は主として移民の流入によるものであり、この5年間にカナダに到着した外国生まれの人々（総数約110万人）の40・4％がトロントを定着地とし、14・9％がモントリオールを選んで定着している。これらの人々の大半がアジアを出身国としていることが、本章で旅する2つの大都市の第一印象に結びついているのだ。では、そのなかに、どれほどの日系人がいるのだろうか。ブリティッシュ・コロンビア州に集中していた日系人は、どのようにして東部に移動したのだろうか。日系人を通して「カナダを旅して」みよう。

「ロッキー山脈の東側」

1941年12月7日（日本時間では12月8日）、日本軍が真珠湾を攻撃。カナダ政府は、即刻、対日宣戦を布告した。そして、この日は、カナダの太平洋岸に集中していた日系人にとって「10年にわたる屈辱の時期の始まり」となった。カナダ政府は、日本人とカナダ生まれの日系人すべてを「敵性外国人」と規定し、日系人所有の漁船を押収するなどして、彼らの経済的基盤を破壊した。1942年1月には、戦時措置法に依拠して「防衛地域」を指定し、そこから「敵性外国人」を撤去することを決定。約2万1000人の日系人は、ブリティッシュ・コロンビア州内陸部、アルバータ州、マニトバ州などの道路建設現場、砂糖大根栽培地、自給計画事業地、そしてブリティッシュ・コロンビア州内の10ヵ所の「内陸収容所」に送られた。日系人にとってはまさに「石をもって追われる旅」が始まったのである。

1944年、マッケンジー・キング首相は戦後の日系人政策の4つの基本原則を公表した。日系人のカナダ全土への拡散、カナダに忠誠でない日系人の日本送還、日本からの移民の禁止、カナダにとどまる日系人への正当な扱い。これらの原則に基づく措置として、まず日系人の忠誠審査が行われた。日本への送還を希望するか、カナダにとどまるか、の選択である。とどまる場合は、「ロッキー山脈の東側（East of the Rockies）」へ移動することが条件であった。送還計画は1947年に撤廃されるが、それまでに4000人近くが日本に送還されてしまっていた。他方、「ロッキー山脈の東側」への移動は遅々としていたものの、多くの日系人が、内陸収容所を出て、東部へ向かう決心をした。彼らにとっては、まさに、苦渋の決断によるカナダ横断の「旅」の終着地点が、トロント、そしてモントリオールであった。

1941年に2344であったオンタリオ州の日系人人口は、1951年には8581となり、ケベック州（主としてモントリオール）では、53から1137となった。ブリティッシュ・コロンビア州の日系人は、同時期に2万2096から7169に大きく減少している。

トロントへの定着

「ロッキーの東側」にある都市のなかでも日系人がトロントを選んだ理由は、カナダ政府が日系人の就職斡旋と福祉のため「日系人配置局」と称する事務所をトロントおよびスペリオル湖北岸サンダー・ベイ近くのシュライヴァーに設置したことと、トロント周辺の農場や工場が労働力を必要としていたことであろう。しかし、受け入れ地の姿勢が好意的であるとはかぎらなかった。戦時中「敵性外国人」であった日系人への敵意は、東部の各地でも示された。労働力不足を補うために日系人を雇用した農場がある一方で、市・町議会が日系人を入れないと決議した例もあった。その後カナダで最大の日系人集中地となるトロントは、1942年春以降、一時的に日系人を受け入れた以外は、軍需産業の存在を理由に、門を閉ざしていた。トロント郊外の富裕な地域では、日系人女性のメイドの需要があったにもかかわらず、実際には日系人女性がメイドとして働くことが禁じられていた。

ハミルトン、ウィンザー、ロンドンといったトロントに近い地に住んでいた日系人、約7000人が1947年にトロントに移ることを許されたとき、彼らが居住したのはチャイナタウンやユダヤ系の人々の居住地区に近い地域であった。ユダヤ系の人々が所有する衣料関係の工場は多数の日系人を雇用したといわれ、歓迎されない環境にあって「ユダヤ系が助けてくれた」と思い出を語る日系人は多い。

このような状況において、早くも1946年にトロント仏教会が創設されたことは興味深い。戦前のヴァンクーヴァーで経験した排斥を受けないようにと、集中して居住することすら意識的に避けたトロントの日系人の間で、日本文化の象徴ともいえる仏教会が、活発な活動を始めたのである。仏教会の創設に関わったのは、戦前ヴァンクーヴァーで青年期を過ごし、仏教会の重要性を実感していた二世だった。そして、日系人の多くは仏教会の活動を通じて自己のアイデンティティを確認し、自信をもって「立派なカナダ人」になろうとした。つまり、仏教会は日系人の定着を助けたのであり、日系人の「旅」における魅力的なエピソードといえよう。

この仏教会で活躍していた二世の男性は、次のような経験を語ってくれた。彼は、戦後、内陸収容所からのつらい旅を経てトロント郊外に落ち着き、鉛管工となったが、戦前、フレーザー川河口のサケ漁の基地スティヴストンで船を操る漁師として高収入を得ていたことが忘れられず、1950年代初頭にスティヴストンに戻り、船を賃貸して漁に出た。ところが、漁の技術も彼の漁師としての勘も、昔と同様ではなかった。彼は、それきり故郷に戻ることは考えず、トロントで立派に生活を立て直し、仏教会の、そしてコミュニティのリーダーとして信頼され、活躍することになる。

モントリオールへの定住

当時、カナダ最大の都市であったモントリオールでは、日系人は東部の他の地域よりも友好的に受け入れられた。もともと多様なエスニック集団を抱える土地柄で、ヴァンクーヴァーとは異なり、同地の人々が人種の違いに寛容であるという印象を与えたこと、そして真珠湾攻撃の頃モントリオールにいた日系人は50人に満たなかったため、同地の

01 モントリオール仏教会のメンバー（1960年代。カナダ日系人博物館所蔵）。

人々には日系人に対する先入観がほとんどなかったこと、などが理由であろう。モントリオールがブリティッシュ・コロンビア州からあまりに遠く、その気候があまりに異なっていたことは、日系人の移動の動機としてはマイナスに働き、多数の日系人の定住は実現しなかった。しかし人数が少なかったために、受け入れ側に不安や不信感を喚起することがなく、再定住が順調であったともいえる。

加えて、ブリティッシュ・コロンビア州の日系人にモントリオールへの移動を決意させたのは、職が豊富だとの情報であり、そこには、『ニューカナディアン』紙などの効果があった。「各種の仕事口が多いカナダ第一の都市モントリオール」や、ハウスキーパーやメイドの職が多いので「娘なら就職できる」といった見出しの記事が、日系人に影響を及ぼしたことは確かであろう。ブリティッシュ・コロンビア州からモントリオールへ移動した最初の日系人家族は、ビジネスで成功を収めた例である。太平洋戦争勃発により、ヴァンクーヴァーの街中にある自営の婦人服店を閉めなければならなくなった主人は、再出発のできる場を求め、いくつかの都市に手紙を出して打診した。受け入れを認めるとの返事が来たのはモントリオールからだけだった。モントリオール到着後まもなく、彼は、ヴァンクーヴァーで経営していた店と同様のものをモントリオールの繁華街に開店し、成功を収めたのである。

カナダ社会に溶け込む日系人

1949年に日系人のブリティッシュ・コロンビア州への帰還制限が撤廃されたが、東部に再定住した日系人の大半は帰還しなかった。右に述べた彼らの「旅」と定着の物語に示されるように、日系人がトロントやモントリオールにしっかりと根を下ろしたことは確実である。

1970年代以降、カナダの政策として規定された「多文化主義」と、それと並行していたマイノリティ集団の地位の向上というカナダ社会の風潮もあり、カナダに散在する日系人コミュニティが連帯し始めた。そして、戦時中の日系人の強制立退きなどに対する補償を求める「リドレス運動」が、トロントを中心として活発になる。1988年9月、カナダ政府は日系人への謝罪と補償を決定した。個人に対する補償に加えて、コミュニティに対し、教育・社会・文化面での活動援助費用が支払われることが約された。

この運動の成功の背後には、日系人の経済的・社会的地位の高さが認められており、彼らがカナダ社会に溶け込んでいるという事実があった。最新の統計によると、日系人はカナダのヴィジブル・マイノリティのなかで最少の集団（ヴィジブル・マイノリティ全体

02 モントリオール仏教会の中（1980年代。モントリオール日系カナダ人文化センター・コレクション、マギル大学アーカイブス所蔵）。

の人口の1・6%）であり、カナダ生まれの率がもっとも高い（63・2%がカナダ生まれ）。また、日系人は他のエスニック集団に属する人との結婚率がもっとも高い（片方が日系人である夫婦2万9700組の74・7%が日系人ではない相手と結婚している）。これらの数字からも、トロントやモントリオールの日系人が、カナダ社会の重要な一員として、カナダの多文化社会を構成していることがわかる。「リドレス運動」により、彼らが多文化主義の実践として日系人の文化的遺産を政治的に主張する力をもつことも明らかになった。その後、日系人コミュニティは、他のエスニック集団の人権問題にも取り組む姿勢を明確にしている。日系人の旅は、日系カナダ人としてのアイデンティティを肯定的なものにし、社会における自らの地位に自信をもつに至る旅だったのである。

　2012年3月、70年前の立退きと拡散に思いを馳せようと、トロント日系文化会館で記念会が開催された。同じ頃、ヴァンクーヴァーのブリティッシュ・コロンビア大学では、1942年の時点で学業を断念せざるを得なかった同大学の76人の日系人学生に、名誉学位を与えることを決定。そして、アジア系カナダ人研究プログラムを近く開設すると発表した。「学ぶことが前進だ」と、当時、学生であった日系人は述べている。日系人の新たな旅が始まる。

（飯野正子）

32

平原州アルバータの日系人
ロッキーを越えて

太平洋側のブリティッシュ・コロンビア州から雄大なロッキー山脈をはさんで東へ続く広大な平原がアルバータ州。世界的観光地バンフ／ジャスパー国立公園が有名だ。だが、第二次大戦前、ブリティッシュ・コロンビア州以外のカナダで、唯一、日系人コミュニティが形成されていたこと、同州のような排斥を受けなかった歴史があることはあまり知られていない。アルバータ州とさらに東のサスカチュワンとマニトバの両州はあわせて平原州と呼ばれる。

アメリカ国境に近い南アルバータのレイモンド町から西へ約2キロ、ハイウェイ52の路傍に建つある記念碑が目を引く。１８７７年、カナダへの最初の日本人移民が渡来してから1世紀、日系カナダ人100年祭の事業の一つとして設置された日系人定住記念碑だ。現在の碑は新しく建て替えられている。碑には「アルバータ州にたどり着いた日本人の多くが、鉄道又は灌漑事業の契約労働者や臨時労働者として働き、その他はレイモンド付近のテンサイ畑で働きました。……」と、州南部から始まった定住の歩みが簡

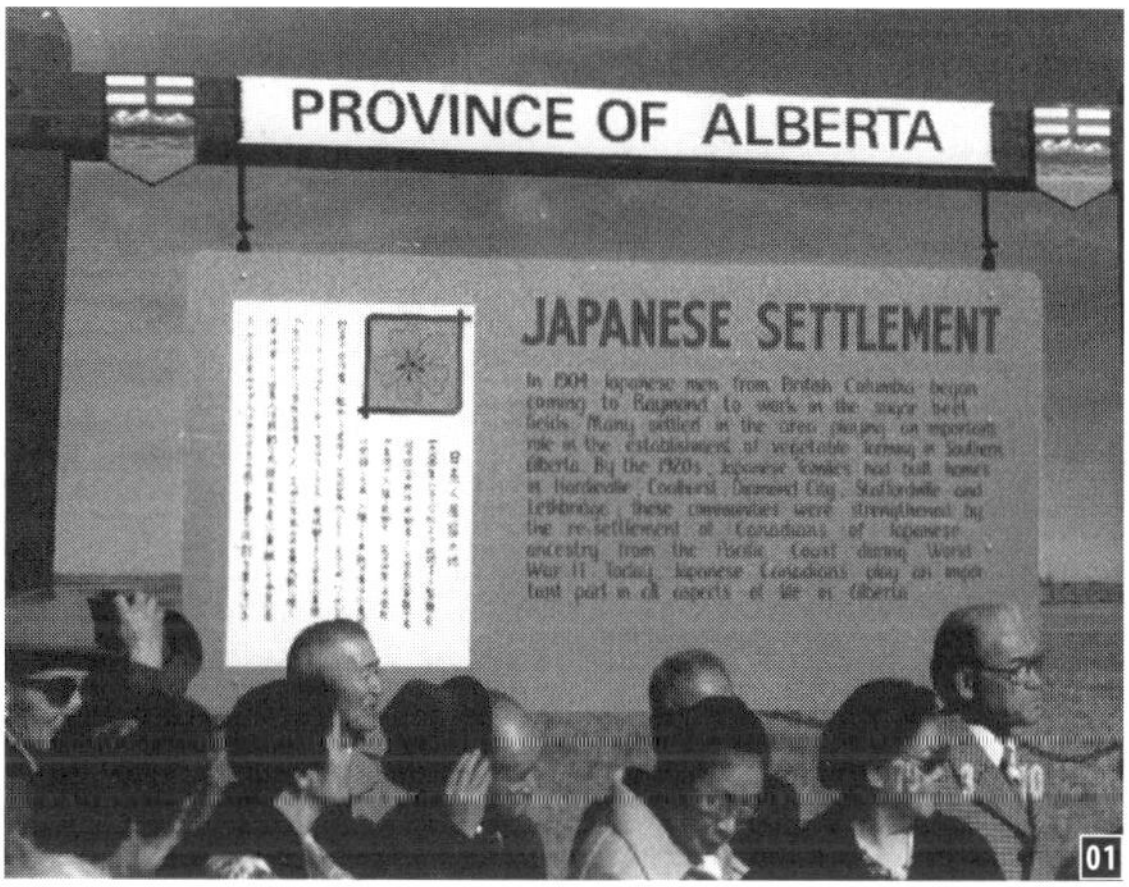

01 日系人定住記念碑（1979年3月、除幕式の日。提供：カルガリー日系人協会、トム・ナワタ氏）。
02 現在の記念碑（1999年建替。提供：カルガリー日系人協会、ロッキー・オオイシ氏）。

潔に和英両文で記されている。この記念碑を日系人の平原州の「旅」のスタートにしよう。

南アルバータへの初期移民

アルバータ州へ日本人が来住するようになったのは20世紀初め、一説には1904年以降といわれている。まず、アメリカ国境に近い南アルバータ地域の砂糖大根（甜菜《てんさい》）栽培農場に、続いて炭坑に、出稼ぎ目的の日本人労働者がブリティッシュ・コロンビア州方面からやってきた。最初は製糖会社の農園で働き、次第に、小麦やジャガイモや野菜栽培などで独立、定住する家族が増えていった。とくに、日系人が、アメリカのユタ州から同地に移住していたモルモン教徒社会と協力して、灌漑はじめ開発事業に貢献したのがレイモンド地域である。1914年には日本人協会が組織されたが、1931年以降は、1929年に誕生したレイモンド仏教会に一本化された。以後、同仏教会は太平洋戦争中も存続を許され、戦後に至るまで、南アルバータの日系人コミュニティの発展に中心的役割を担うことになる。

また、今やカナダ第4位の大都市カルガリーも、1911年当時は人口約4万4000でしかなかったが、1910年代初め、市内には、日系人が経営する食料品店、理髪店、玉突き場があり、労働者はホテルや鉄道関係はじめ約40人が居住していた。その近郊チードル地方では会社を立ち上げて農業経営を目指した日系人たちもいたが、何度かの失敗を繰り返したのち、同地域はレイモンドに次ぐ初期日系人農業の中心地となった。

農業や炭坑労働以外では、鉄道労働者が多かった。とくにカナダ太平洋鉄道（CPR）に就労する者が最多数で、CPR直営ホテルのベルボーイや調理人、駅の赤帽（ポーター）なども いたが、その数は少なかった。もっとも一般的な職種が鉄道敷設や修繕などの肉体労働であり、アルバータ州だけでなく、遠くサスカチュワン州やマニトバ州まで派遣された。鉄道の仕事は季節労働的性格が強く定着性に乏しかったが、やがて、各地に落ち着く者も少しずつ出始める。

アルバータ州は1905年、カナダ連邦の州として創設された。その首都エドモントン市内には、1910年代には、日系人が営む理髪店、洋食店、貸室・下宿、射的場があり、ホテル従業員はじめ、周辺の鉄道、炭坑、農園に分布する労働者など、一時は130人以上いた時期があった。興味深いことに、1913年のアルバータ州議会選挙で、市内の日系人45人が投票したとの記録もある。平原州では、帰化カナダ人には白人、アジア人の区別なく選挙権はじめ一切の権利が平等に与えられていた。公民権を禁止されたブリティッシュ・コロンビア州在住の日系人との大きな相違点である。

1920年代、エドモントンの東北約50キロのオパル・メイブリッジ地方に日系人が入植し、以後、多いときには10家族が農業経営に従事した。同地域は、カナダ最大のウクライナ系移民の入植地の一端に位置しており、日系人家族はウクライナ系住民と協力しながら地域の開発に励んだ。今、同地方を訪ねると、ハイウェイ28の道路脇には「キムラ・レイク」の標識が目につく。最初の日系人入植者（木村豊松）の旧所有地だった

03キムラ・レイクの標識（２０１０年４月）。

湖を示した公的なサインだ。近くのパーキング・ロットには、日系人の同地域発展への貢献を記した記念板も設置されている。

この地方のウクライナ系移住者や南アルバータのモルモン教徒住民との共存の例に見られるように、とくに農業地域において日系人と白人社会との間に円満な関係が築かれていたことは興味深い。

ブリティッシュ・コロンビア州を追われて

太平洋戦争は日系人の運命を大きく変えた。１９４１年12月、開戦と同時に「敵性外国人」と規定された日系人は、防衛地域に指定されたブリティッシュ・コロンビア州太平洋沿岸から、約２万１０００人が内陸部の収容所や州外に強制的に立退かされた。開戦の翌年、このうち約２６００人がアルバータ州に集団移動している。彼らは南アルバータ地域に広がる砂糖大根栽培農園の、農業労働者として家族単位で送られたのである。同様にマニトバ州へも約１１００人が移動させられた。

それまで排日運動の見られなかったアルバータ州だったが、当初、ブリティッシュ・

コロンビア州からの多数の日系人集団の到来のニュースに、一般の世論は反対の空気が強かった。州議会でも多数の日系人の受け入れに反対意見が出された。結局、州政府は1942年3月、条件付きで受け入れた。すなわち、戦争終了後は州外に再移動させる、エドモントン、カルガリー、レスブリッジ等の都市には居住させない、日系人の生活保護や医療・教育などは連邦政府の責任とすること、などである。ほとんどが徒手空拳で移動してきた日系人は、冬季は氷点下30度以下にもなる苛酷な自然環境のなかで困難に耐えた。そして、当初の劣悪な生活環境を少しずつ改善していった。彼らの勤勉かつ誠実な生活態度は、次第に地域の白人社会の信用を得、感情も好転していった。1945年、カナダ政府が「日本に帰るかカナダに残るか」の調査（忠誠審査）を行ったとき、アルバータの日系人の大部分（85％）はカナダに残る道を選んでいる。

ちなみに、内陸収容所など、ブリティッシュ・コロンビア州にいた日系人は60％が日本に帰ると答えたが、選択条件はより苛酷であった。カナダに残る場合、日系人拡散政策によってロッキーの東への移動が強制されたからである。結局のところ、1949年4月にはブリティッシュ・コロンビア州への帰還を許された。しかし、アルバータやマニトバ州はじめ、オンタリオ州など東部へ移動を余儀なくされた日系人の多くがその地に残った。ブリティッシュ・コロンビア州では日系人に対する敵対的空気がいまだに残っており、戦争前に築き上げたすべての資産を失った同州には仕事のあてもなかった。

すでに1948年には、アルバータ州の日系人に対する姿勢が大きく好転していた

（州居住日系人への他の州民と平等な権利、市民権賦与）。さらに、彼らをアルバータに引き留めた大きな要因は、何よりも、ブリティッシュ・コロンビア州から移動してきた日系人を受容する環境が育まれていたということである。また、戦前から戦時中も地域住民との親睦融和を図ってきたレイモンド仏教会を中心とする日系人コミュニティの存在が大きかったことも確かである。１９４１年に５７８人であったアルバータ州の日系人人口は、１９５１年には３３３６人に増えている。

戦後の再出発――アルバータへの定住

戦時中、アルバータ州では都会への居住、およびそこでの就労は厳しく制限されていた。都会への居住が１９４７年に解禁されると、南アルバータの広大な地域に分布していた日系人は、レイモンドの北東約50キロ、州内第三の都市レスブリッジへ移り住む家族が増えていった。そして同市には、それまでのレイモンドに代わるアルバータ最大の日系人コミュニティが形成される。１９５１年当時、カルガリーやエドモントンの日系人は１２０～１３０人程度であり、しかも戦前からの居住者がほとんどであった。両市とも日系人が増加するのは１９６０年代後半からであり、１９７０年代になってようやく、カルガリーが日系人数でレスブリッジを上回るようになる。増加の背景には、二世、三世の世代の都市部への定着が進んだことである。戦後再出発にあたって日系人がもっとも力を注いだのは子供の教育であり、高等教育を受けた彼らは、弁護士、医師、

04

技術者、会社経営者、大学教授、上級公務員となってカナダ社会に進出していった。

1960年代後半からは、戦後移住者が加わった。戦前の労働移民と異なって、義歯技工士、自動車修理工、テレビ・ラジオ技術者、建築技師などさまざまな職種の技術移住者が大半であった。新移住者は、新一世と呼ばれ、主にカルガリーやエドモントンに定着、日系人コミュニティも新しい時代を迎えた。さらに、南アルバータには、1970年代、海外移住事業団（現在の国際協力機構）の斡旋で、農業移住訓練生が渡来している。約220名が戦前移住者の農園で経験を積んだ後、独立していった。ジャガイモ栽培で大成功を収めたある戦後移住者は、「戦前から南アルバータで苦労してきた一世、二世の先輩移民のおかげで私たちの今日がある、これからはご恩返しとして日系人社会のためにがんばりたい」と感慨を込めて私に

03 レスブリッジの日加友好日本庭園（1998年10月）。

語ってくれたのが印象深い。

カナダ建国100年を迎えた1967年7月、レスブリッジ市内に「日加友好日本庭園」がオープンした。開園式には高松宮殿下・妃殿下を迎え、副総督や州首相、市長、日本総領事などが参列し、日本とカナダの関係促進、友好親善が第一に謳《うた》われた。日系人にとって、この本格的な日本庭園は、長年の念願が実現したものであった。何よりも、太平洋戦争によってブリティッシュ・コロンビア州から移動を余儀なくされ、苦労を乗り越え、戦後、南アルバータに定住した日系人の成功と誇りを表していたのである。同庭園は、多文化社会カナダにおいて日本文化の伝統を示す象徴として、日系人だけでなくレスブリッジ市民の文化的資産として今日まで連綿と引き継がれている。

次の世代のために

カナダ各地の日系人コミュニティが多民族社会のなかで自己のアイデンティティを自覚し、カナダ市民として連帯して活動を開始したのは、1977年日系カナダ人100年祭の後、1980年代に本格化したリドレス運動（戦時中の日系人への不当な取り扱いに対する補償要求運動）と、その達成（1988年9月）を通じてであった。アルバータ州の日系人コミュニティ（カルガリー、エドモントン、レスブリッジの各日系人協会）も初めて各地のコミュニティと連帯し、運動に参加して意識を高めていった。リドレスを成功に導いた全カナダ日系人協会全国評議会のアート・ミキ会長は、マニトバ日系人コミュニティ出身である。

現在、カナダ各地には約13の日系文化会館が存在する。これらは、リドレスの成功がもたらした日系コミュニティ復興資金（教育、社会、文化面での活動援助費用）によって、完成したものである。アルバータ州では１９９４年にエドモントン日系文化センターが、１９９８年にカルガリー日系文化・シニアセンターが増改築オープンし、コミュニティ活動の新たな拠点となった。レスブリッジは、２００９年に完成した南アルバータ仏教会の教会堂が地域の文化センター的役割を担っている。同仏教会は、レイモンドはじめ、各地の仏教会が一つに統合されたものである。

今、各地で日系人コミュニティの歴史編纂が進められている。カルガリーでは、個々の家族史を集大成した『お蔭さまで』（*I Am What I Am Because of You*）（カルガリー日系人協会編）が完成間近だ。エドモントン日系人協会でも、コミュニティの過去から現在までの、インタビュー記録を含むあらゆる歴史資料の収集・整理がほぼ終了し、次のコミュニティ史の本格的編纂が始まろうとしている。いずれもコミュニティの歴史を遺し、次代を担う若い世代に自分のルーツを知ってもらうのが目的だ。２００６年の国勢調査によれば、日系人はカルガリー地区５８２０人、エドモントン地区２８３５人、レスブリッジ地区１７０５人で、この３都市にアルバータ州全日系人数１万３４６５の８割近くが集中している。現在では、二世も70代後半から80代の高齢となり、コミュニティのリーダー層も三世から四世の時代を迎えている。日系人の他のエスニックとの結婚率（交婚率）は95％以上だ。このような状況下で、日本語学校を維持し、日本文化を継承していくこと、すなわち多民族社会カナダにおいて日系人としてアイデンティティを保っていくことは容易ではない。コミュニティ史の編纂もこのような現実が背景にある。

冒頭に掲げたアルバータ州「日系人定住記念碑」の日本語の説明文の後半を紹介して「旅」を終わることにしよう。

戦争は、アルバータ州の日本人コミュニティーを一変させました。１９４２年、日系人は太平洋岸１６０キロメートル以内への居住を妨げられ、多くは敵国人収容所への収容やアルバータ州南部への再定住を強いられました。戦後ブリティッシュ・コロンビア州に戻った者もいましたが、他の多くはアルバータ州にとどまり、戦後の日本からの移住者と合わせた日系人は、現在、州内で最も活動的な文化コミュニティーのひとつとなりました。

（原口邦紘）

33

ヴァンクーヴァー日系社会の現在

新移住者を中心として

本章では、日系人の中で「新移住者」と呼ばれる人々に焦点を当て、彼らの移住の背景や日系社会での活動に注目し、カナダ日系社会の現在について、ヴァンクーヴァーを事例として述べていきたい。カナダにおける「新移住者」とは、戦後、とくに移民法改正後の1967年以降に、日本からカナダへ移住した人々を指す呼称であり、「新移民」「新一世」とも呼ばれる。それに対して「旧移民」あるいは「一世」「二世」「三世」は戦前に移住した人々やその子供の世代、さらにその次世代の人々を指す呼称となっている。

日系人が暮らすヴァンクーヴァーは、19世紀より日本から多くの移住者が暮らしてきた街である。当地の日系社会の現在について、彼らの活動事例を中心に紹介していく。なお、ここでのヴァンクーヴァーという呼称は、市と周辺を含む広域地域であるグレーター・ヴァンクーヴァーを意味している。

カナダの移民法の改正——新移住者の移住の契機

日本からカナダへの移住が促進され、「新移住者」と呼ばれる層が増加したのは、1967年のカナダ移民法改正を契機としている。カナダの日系社会の変容やその特色を理解するために、まず、この法律の改正点を明確にし、日本からの移住者に及ぼした影響を考察することから始めたい。

カナダは、移民の受け入れによって労働者人口を増やし、国を発展させる方針をとっている。カナダの移民法とその施行規則は複雑でしばしば改定されてきたが、現在のカナダ移民政策は、1967年の「人種規制」完全撤廃を基盤に置き、さらに1976年改正による「ポイントシステム」の導入に基づいたものである。受け入れる移民を人種によって制限してきた政策を廃止し、農業技術や経験・能力を重視した内容に大きく変換した。この「ポイントシステム」導入の移民選抜基準と重点は、カナダの人口と労働市場に見合うようになっており、移民応募者の職業技術・経験・能力がいかにカナダ経済に貢献しうるかに中心が置かれている。各職業が得点化され、その年にカナダで必要とされている職業などはポイントが高くなるシステムである。この制度によって日本からの移住希望者の急激な増大につながった。

日本からの移住者の特色としては、概して教育程度が高く、都市生活者といった点があげられ、さらに彼らが日本において従事してきた職業も幅広い。私が直接出会った人々に限定しても、医師、会社経営、画家、菓子技術者、県職員、建設コンサルタント、航空管制技術官、高校教諭、商社員、自動車整備士、出版社勤務、柔道インストラクター、大学教員、大工、TV修理技術者、旅行業、美容師、レストラン経営、その他と多種多様にわたっている。戦前の移民の場合、その大半が漁業や農業が主たる職業であり、その多くが家族や親族の呼び寄せという移住の形態であったことと比較すると、職業においても、個人移住という移民の形態においても、新移住者の特色が浮き彫りにされる。

ヴァンクーヴァーの日系人組織

現在、ヴァンクーヴァーの日系人人口はおよそ3万2000人（2006年国勢調査）である。その日系人を代表する団体は、大小織り交ぜて200以上はあるといわれている。ここではヴァンクーヴァーにおけるコミュニティ組織を具体的に紹介しながら、移民として定着してきた新移住者の活動について考察したい。

1．日系市民組織

現在、ヴァンクーヴァーには日系市民全体への相談的役割を果たしながら、社会的連帯の機能を維持している団体がある。それぞれが非営利事業団体であり、日系市民にとって大きな役割を果たす組織となっている。ここでは4つの組織・団体について簡単に紹介していく。

（1）グレーター・ヴァンクーヴァーＪＣＣＡ（日系カナダ人市民協会）：１９３８年〜

戦前から続いている日系組織の代表的な団体である。グレーター・ヴァンクーヴァーとその周辺地域の日系人全体を包括する政治的・文化的・社会的関心や利害を代表する組織である。ＮＡＪＣ（全カナダ日系人協会）の構成団体でもある。日系組織の中でも、三世・四世の加入率が高く、英語が中心言語となっている。日英両語の日系コミュニティ誌である『月報』（the bulletin）を発行し、親睦的な行事も開いている。

（2）隣組（Tonari Gumi）：１９７３年〜

ヴァンクーヴァー生まれの一人の日系二世の呼びかけによって、日系老人のためにと創立された日系社会ボランティア協会である。日系社会の「よろず相談所」と呼べ

01

01 日系博物館展示に関連したディスプレイ。

る福祉事業体で、隣組の相互扶助精神が名称の原点とされる。開設以来、長く実質的コーディネーターを新移住者が務めてきた。常勤スタッフとともに常時100名を超す二世や三世・新移住者のボランティアで構成されている。活動内容は、高齢者や新移住者のための医療保険、失業保険、年金、民生などの社会保険手続き代行、法的解釈および相談、講習会からワークショップ各種、昼食会、各種イベント、ゲートボール、カラオケ、英会話教室、手芸教室に至るまでさまざまである。日系人が相互に助け合いコミュニティライフの向上を図るとともに、カナダ社会への参加と貢献を実現させるのを目的として、これまで、ヴァンクーヴァー日系社会の中心的組織として発展してきた団体である。

(3)グレーター・ヴァンクーヴァー移住者の会：1977年〜

移住者の会は日系人にとっての生活情報機関である。この会は日系人の相互理解と、日本語での情報提供による支援を目的としており、会報の発行や日本語による法律講習会（月1回）など、さまざまな活動をしている。

(4)日系プレース（Nikkei Place）：2000年〜

日系プレースは、日系文化センター、シニア住宅新さくら荘、ケア付き住宅日系ホーム、そして日系ガーデンの4施設すべてを総括して指す名称であり、日系人全体の活動拠点という役割を担っている。さまざまな催し物やスポーツ、文化プログラムが毎日のようにとり行われている。

02 日系ヘリテージセンターへの寄付者を顕した〈繁栄の木〉。

2.「県人会」の機能の変遷

日本人移民が異なる文化や社会構造の中に定着していく際、大きな役割を果たすのが、日本人同士のつながりである。県人会は戦前の初期移民時代から活発に組織化されてきた。当時の県人会やその他の組織は単なる親睦団体というわけではなく、彼らの生活空間そのものであり、相互互助機能をもち有効に働いてきた。戦後の新移住者にとっても、県人会という日系組織は新天地での人的基盤・親睦団体としてまとまる傾向を示している。現在、ヴァンクーヴァーには県人会として10の団体がある。戦前に作られた県人会はどの組織も戦争をはさみ解散あるいは自然消滅しているが、戦前からの歴史を踏まえたうえで現在も活発に活動している県人会がある。和歌山県人会や滋賀県人会である。会員の多くが二世や三世、そして、カナダ生まれであるけれども、日本で教育を受けカナダへ戻った「帰加二世」と呼ばれる世代、そしてそこに新移住者を迎え入れての活動となっている。

3.趣味・文化・親睦グループ

新移住者の団体で圧倒的に多いのが趣味・文化的な親睦を目的としたものである。その種類は多岐多様にわたっており、日系社会での会員の活動の活発さがうかがわれる。新移住者は親睦を中心とした県人会への参加や趣味的な活動が多く、交際範囲も同じ日系社会内にとどまる傾向が見られる。日本人グループを超えて、政治的・芸術的活動に積極的に幅広く参加し、他の民族集団との活発な交流活動を行う例はあまり見られない。

旅から見えてくるもの――日系社会の新たな躍動

カナダの日系社会は戦前からの旧移民と戦後の新移住者とに分裂し、双方は交わることがないという言説が存在してきた。この言説の背景には、旧移民・新移住者の歴史的体験の違いが大きな要因としてあると考えられる。その筆頭としてあげられるのが、旧移民の第二次大戦中の日系人排斥体験であろう。強制移動によって受けた精神的傷、戦後、生活を一から立て直さなければいけなかった日系人の歴史、さらに、旧移民のパイオニア時代の苦労など、そうした経験や体験を長い間語ることのなかった旧移民、その事実を知らなかった多くの新移住者、三世の世代間のギャップは大きかったと考えられる。日系社会にいろいろな団体があっても、後述するパウエル祭が開催される以前には、異なる団体や世代が何かを行うために協力・連帯するということはなかった。それぞれが別個に孤立して機能・活動していた状況であった。しかし、ヴァンクーヴァーにおける日系人の祭典である「パウエル祭」は、そうした状況を覆す事例となっている。

1．エスニック文化の祭典――パウエル祭

毎年、ヴァンクーヴァーでは数多くのフェスティバルが開催されるが、その中で「パウエル祭」はもっとも歴史の長いフェスティバルであり、観客動員数は例年1万人を超え、一つのエスニック集団による祭典ではカナダ最大ともいわれる。催し物としては、柔術、居合道、柔道、少林寺拳法、空手などの模範演技の披露、琴の演奏・日本舞踊・茶道・折り紙・指圧の実演、そして生け花・盆栽・書道・墨絵・演劇・落語・朗読・混声合唱団・ロック系の日系バンド演奏・和太鼓演奏などの披露。そのほか、相撲トーナメントや綱引き、神輿担ぎや総勢での盆踊りなどがある。さらに、ふだんは食べられない日本的メニューをそろえた食べ物ブースが立ち並び、さながら日本の夏祭り的様相を呈している。

パウエル祭の始まりは、移民100周年を迎えた1977年にさかのぼる。異なる世代・宗教・団体が一致団結して、コミュニティ全体で日系の歴史・遺産である「日系カナダ人100周年」を祝うという考えがその土台となっていた。実際に「祭り」を行うことは、ある意味で、100周年を祝うだけでなく、日系人が100年にわたって受けてきた人種差別にも屈せず、こうしてカナダ社会に根づいて生きているのだという政治的メッセージにもなるという考えが含まれている。このように具体的に「祭りを行う」というアイデアが生まれたきっかけは、新移住者からの発言によるものであった。さらに、当初祭りに反対していた二世グループから最終的に協力を引き出し、取りまとめ役

を担ったのは二世であった。運営組織構成の中で、中心となるフェスティバル&ボランティア・コーディネーターの役には2名の三世が従事した。

2. パウエル祭で生み出される日系社会の新たなつながり

以上のような経緯をたどり、二世・三世・新移住者等を含んだ数人の有志によって発案され具体化されていった「祭り」は、第1回パウエル祭として開催された。日系社会のほぼすべての団体や世代が一同に結集・協力し、祭りが実行されたのである。それから35年後の現在、現存する二世・三世・新移住者の組織を含むヴァンクーヴァーの日系組織が一同に結集するのは、唯一、この「パウエル祭」だけである。この祭りは「日系一世・二世が育んできた日系文化を表舞台に登場させ、同時に日系の人々が一堂に会して楽しめる場をもちたい」という願いのもとに、企画から運営等すべて多くのボランティアによって成り立っている。三世・四世、そして新移住者の人々の参加、さらに近

03 人気を呼んでいるダウンタウンのJAPADOG。

04 JAPADOGのメニュー。

年では新移住者の子供の世代である「新二世」による積極的な参加が多く見受けられるようになった。

日系社会のこれから

新移住者の日系組織活動への参加は、１９７７年の日系カナダ人１００年祭前後から活発になってきている。日系カナダ人１００年祭のプロジェクトも新移住者の発案に端を発している。このプロジェクトがきっかけとなってパウエル祭が誕生し、祭りを作り上げていく過程で新移住者と一世や二世、三世との交流が生まれ、お互いの理解が進み影響を受け合ってきたと考えられる。そういう点からも、新移住者はヴァンクーヴァー日系社会で大きな役割を果たしてきた。彼らは移民法改正に対応し、それぞれが何らかの技術・能力を認められたうえでの移住である。自分自身で切り開いていくというスタイルや、自分の力でやれるという自信ももっている。これからの日系社会は、二世、三世はもちろん、四世、そして、以上の特色を備えた新移住者、さらに次世代の新二世を取り込みながら多様性を増し、その多様性が日系社会を維持する活動のエネルギーとなっていくのではないだろうか。

（山田千香子）

第7部 「カナディアン・アーツ」を旅する

34

先住民アート

イヌイットと北西海岸先住民の美

日本からカナダへの西の入り口ヴァンクーヴァー空港には、一風変わった石製彫刻品や木製彫刻品が展示されており、私たちの目を引く。これらの作品は、特異な図像やモチーフのために、私たちを驚かす一方、誰が作ったのかという疑問を投げかける。それらを作った人がイヌイットや北西海岸先住民のアーティストだとわかると、カナダには先住民と呼ばれる人々がいることを私たちは知ることになる。

カナダは、イギリス系とフランス系の出自をもつ人々が主流社会をなす白人系の国だと考えられている。しかし、カナダには１１５万人あまりの先住民と呼ばれている人々がおり、さまざまなアート作品を生み出している。カナダの先住民が作るアートには、イヌイット・アート、北西海岸先住民アート、森林派アートという主に3つの流れがある。私たちは先住民のアート作品をヴァンクーヴァーやウィニペグ、トロント、モントリオールなどにある美術館や博物館、商業的アートギャラリー、土産物店で見ることができ、そのおもしろさを味わうこともできれば、購入することもできる。

私は1990年代末から2000年代初めにかけて、イヌイットが住む極北地域の村や北西海岸先住民が住むヴァンクーヴァー島などを訪れ、先住民のアート作品を収集したことがある。ここでは、私の体験を中心にイヌイットと北西海岸先住民アートを紹介してみたい。

イヌイットのアート

イヌイットは、カナダの北方に広がるツンドラ地帯の沿岸部を中心に生活を営んできた。彼らが、売るための石製彫刻品を制作し始めたのは1948年以降のことであるが、その後、版画やタペストリーなども作るようになった。1950年代には、極北地域のほぼすべての村で石製彫刻品を制作していたが、現在ではヌナヴト準州のケープ・ドーセットなど限られた村でしか制作されていない。また、作家がトロントなどに移住し、そこで制作に従事している場合もある。

私の調査地の一つは、ハドソン湾東沿岸にあるイヌクジュアクという村である。そこは、カナダ人ジェイムズ・ヒューストンがイヌイットの才能を発見し、イヌイットにアート作品の制作を奨励するきっかけとなった記念すべき場所である。

私は１９９８年にケベック州極北部のアクリヴィク、プヴィルニツック、イヌクジュアクの村々をまわり、イヌイットの石製彫刻品を収集した。当時、イヌクジュアク村には15年来の友人ジミー・アンナミチャックさんが住んでいた。ハンターである彼は、ガソリンやライフルの銃弾を購入するために、石製彫刻品を作り、生協に売って現金を稼いでいた。狩猟や漁労に行くことができない天気の悪い日には、村内にいくつかある大型テントや作業小屋に何人かが集まり、世間話をしながら彫刻を行うことが日常生活の一部であった。彼は、ハンターがアザラシを狩猟する姿や北極地域に生息する動物の姿を、地元産の滑石の上に、のみとナイフを用いて生きいきと描き出す名人であった。彼の作品はモントリオール美術館やカナダ文明博物館に所蔵されており、折に触れて展示されている。現在、イヌイット・アートは欧米や日本の博物館・美術館によって収集され、展示されており、国際的に認められた先住民アートの一つと考えられているが、彼は狩猟に行くのが生きがいであり、ガソリンや銃弾を購入するのに必要な現金を稼ぐために石製彫刻品を作っているのであり、アーティストという自覚はほとんどなかった。

01 アンナミチャックさんのアザラシを獲るハンターの石彫。２００３年度から２０１０年度まで大阪の国立民族学博物館で展示されていた（２０１０年11月）。

アンナミチャックさんは腕のよい石製彫刻家であるだけでなく、地元の生協運動の代表者の一人でもあったために、1986年8月から9月にかけてアフリカのケニア・キシイ地区に先住民グシイの石製彫刻家を訪ね、交流を深めて、制作技術の伝授などを行った経験がある。これはイヌイット・アートをめぐる秘史の一つである。

イヌイット・アートの歴史は約60年であり、それは極北の先住民によって新たに創り出されたアート伝統である。旅人は、極北地方の村を訪れなくても、ウィニペグ美術館、モントリオール美術館、カナダ文明博物館、カナダ国立美術館や、主要都市にあるイヌイット・アートの商業アートギャラリーを訪ねれば、イヌイット・アートに接することができる。

北西海岸先住民のアート

北アメリカ大陸の北西海岸地域には、ハイダやクワクワカワクワクなど多数の先住民グループが居住してきた。この地域はサケや海獣資源など水産資源と森林資源が豊富であるため、数千年前から定住的な生活を営み、階層化した複雑な社会を形成してきた。彼らは、トーテムポールと呼ばれる巨木柱や仮面などを作り、ポトラッチ（第15章135頁参照）と呼ばれる儀礼を行うことで有名である。

カナダ政府は、北西海岸先住民のポトラッチ儀礼を浪費的で反社会的であるとして、1884年から1951年まで「ポトラッチ禁止法」を施行した。ポトラッチ儀礼は、

02 ヴァンクーヴァー島ポート・ハーディの近郊にある保留地の工房で太鼓にワタリガラスの図像を描くアーティスト（２０１０年２月）。

ダンスや語りの実施、儀礼道具の制作などに深く関係しているために、その禁止は北西海岸先住民の文化の継続に壊滅的なダメージを与えてしまった。しかし、宗教の自由を理由に、１９５０年代に同法が廃止されると、ポトラッチ儀礼の実施やトーテムポールなどの制作は復活し、新たに版画なども制作されるようになった。この伝統文化の復活には、ロイヤル・ブリティッシュ・コロンビア博物館やブリティッシュ・コロンビア大学人類学博物館と、それらに属する研究者が協力を惜しまなかった。北西海岸先住民アートは、イヌイット・アートとは異なり、復活したアート伝統である。

北西海岸先住民アートの特徴は、対称性を基調とする独特な幾何学模様の組み合わせによる図像であろう。また、私たちが一見しただけでは、描かれた動物の名前を同定することができないが、先住民の人々は、独特の特徴を識別することによって、動物名を同定できる。たとえば、描かれたシャチの特徴は大きく長い頭や歯のある大きな口、噴気孔、大きな背びれであるし、ビーバーの特徴は大きな門歯や大きな丸い鼻、うろこ状模様の尾などである。さらに、トーテムポールや版画の上に描き出された図像の背景には、それに深く関係する家族の話や神話などが存在している。

ヴァンクーヴァー島のアラートベイのような先住民の保留地やヴィクトリア市では、先住民アーティストがさまざまなメディアを使って作品を制作している。アラートベイのウミスタ文化センターなどでは、先住民が昔から使ってきた儀礼道具などを見ることができる。また、現在、ヴァンクーヴァー市にあるブリティッシュ・コロンビア大学人類学博物館やヴィクトリア市にあるロイヤル・ブリティッシュ・コロンビア博物館などの公立博物館・美術館、商業的なアートギャラリーに行くと、トーテムポールや仮面、カヌー、ガラガラ、銀細工、版画などを見ることも購入することもできる。

先住民アートをめぐる2つの変化

前世紀から今世紀にかけて、先住民アートをめぐる状況は大きく変化し始めた。先住民アートの制作は、各先住民グループの民族アイデンティティの形成や維持と深くかかわっていた。イヌイットの踊るクマを描いた石製彫刻はイヌイット民族の象徴として機能していたし、北西海岸先住民のビーバーを描いた版画はハイダ民族やクワクワカワク民族などの象徴として機能した。このことは現在でも当てはまるが、1980年代以降、カナダ先住民アートは、カナダ政府によってカナダを象徴するモノとして使用され始めている。その代表例が、２０１０年2月に開催されたヴァンクーヴァー冬季オリンピックのロゴ・マークとメダルの絵柄である。ロゴ・マークにはイヌイットのイヌクシュク（道標などに使用される人の姿をした石塚）が使用され、金銀銅のメダルには北西海岸先住民の図像が利用された。このように先住民アートは、民族独自のアイデンティティを象徴するモノとしてのみならず、カナダを象徴するモノとして使用されるようになった。

もう一つの大きな変化はアートの作り手側の変化である。イヌイットの場合は、極北のハンターや主婦が現金を稼ぐことを目的にアート制作を始め、北西海岸先住民は伝統の復活とともに金を稼ぐためにアート制作を再開した。１９５０年代以降１９９０年頃まで、そのようにして制作された作品は、イヌイット・アートや北西海岸先住民アートのように先住民アートとして市場に流通した。現在でもこの状況は続いているが、１９８０年代になると大学や美術学校でアートを学び、アート制作に従事する先住民の若者が出現した。彼らの一部はトロントやモントリオールに移り住み、抽象的な作品を制作したり、ガラスやビデオ、油絵を制作媒体に利用したりするようになり、「先住民のアーティスト」ではなく「アーティスト」と名乗るようになった。このように制作者側にも変化が出始めている。

（岸上伸啓）

35

カナダ絵画

そのユニークさを求めて

“地域”を描く画家たち

カナダの絵画世界への旅は、大陸横断の旅そのものだ。広大な国土を舞台に、各地は多様性に富み、個性豊かだ。「だからこそ」と言えるのだが、カナダ絵画の特徴は、カナダ全土を描くのでなく、ある特定地域を好んで表現する傾向をもつ。

たとえば、東海岸にはアレクシス・コルヴィル（1920～）がいた。彼は大西洋に面したノヴァスコシア州の風物を写実主義的に描くのを特徴とした。その筆致は、ゴッホのような多感な熱情表現とは無縁である。不思議な雰囲気を醸し出す静穏な作品ばかりだ。ケベック州では、クラランス・ガニョオン（1881〜1942）がフランス系カナダののどかな田園風景をモチーフとして、郷土愛豊かに表現した。カトリック教会やノルマンディ風の古風な家々の並ぶ姿が、色鮮やかに描かれる。彼は、伝統的な農村を舞台とした有名なルイ・エモンの小説『白き処女地』（原題は『マリア・シャプドレーヌ』）の挿絵を描いていることでも知られる。

西部平原州では、ウクライナ系のウィリアム・クレリック（1927〜77）がいた。彼は、プレーリーに広がる大地平線やそのはるか先にある空を、素朴な筆致で描いた。何もないかのような広々とした空間が、見る者に親近感をもって迫ってくる。またポール・ケイン（1810〜71）は、バッファロー狩りを含めて先住民の生態を描いたことで知られる。トロントを制作活動の拠点としながら、西部へのスケッチ旅行を通して彼らの姿を追った。興味を引くのは、彼にかぎらずカナダ先住民を描いた作品には、アメリカ合衆国の西部開拓のような白人との対決図が見られない点だ。またケインの先住民絵画は民族学的にも貴重とされ、各地の博物館でも楽しめる。ブリティッシュ・コロンビア州のエミリー・カー（1871〜1945）は、西海岸の先住民や鬱蒼《うっそう》とした森の姿を、情熱のほとばしる激しいタッチで描いた。それは前述のコルヴィルの表現方法とほとんど違う。今まで見慣れていた東部の風景とも異質の世界だ。そしてイヌイットの芸術は、第

01 ポール・ケイン作「アシニブワンのバッファロー狩り」（1851頃〜56。カナダ国立美術館所蔵）。

34章でも触れているように、極北地方を舞台として創作されたものだ。雪と氷の世界とともにある生活文化の表現でもあった。

そのいずれもが、スタイル・筆致・表現方法・モチーフを異にしており、個性豊かだ。しかし明白な共通点があった。それは、強い地域性に根ざしている点である。一国の美術史の特色として、おそらくカナダほど、地域性を色濃く反映した作品の多い国は珍しいだろう。

〝ヨーロッパ離れ〟を目指して

カナダは、ヨーロッパやアジアのような〝豊富な過去〟をもっていない。もともとそこにあるのは、先住民の〝アート〟だった。だから、歴史的に見て、多くの画家たちはヨーロッパを「真似ること」から始めざるを得なかった。よくいえばヨーロッパ文化の継承、悪くいってしまえば独創性の欠如だ。彼らは時代を超えて、現実には旧宗主国（フランスとイギリス）や他のヨーロッパ諸国における芸術の「模倣」の域を、長らくさまよっていた。大西洋をはさみ、ヨーロッパとカナダとの「隙間文化」にあえいでいたのだった。そして絵画の腕を磨きたければ、やっぱりヨーロッパへ行かねばならなかった。

だがヨーロッパ絵画の「模倣」にとどまるかぎり、カナダ絵画の独創性はない。芸術分野における旧宗主国への追随は、カナダ的独自性への道を塞ぐだけだ。創造的なヨーロッパ離れ……それこそが、独自のカナダ絵画誕生の強い動機づけだった。それは同時に、絵画におけるカナディアン・アイデンティティの確立に連なった。ただ、それが決して反ヨーロッパ主義でないところが、いかにもカナダらしい。

そして20世紀前半。強烈なカナダ人意識とともに、カナダの大自然を独創的に描いた画家集団が登場する。時あたかも第一次世界大戦後、カナダが自主外交権を確立し、強い自国意識に芽生えた頃と一致する。それが風景画家集団「グループ・オブ・セブン」だ。彼らは1920年代に、トロント・アートギャラリーにて共同で展覧会を開催していた。とはいえその前段階として、トム・トムソン（1877〜1917）という画家の彼らに与えた影響は見逃せない。彼は、厚塗りの絵の具で色彩豊かに「国の色」を描き、とくに好んだモチーフはオンタリオ州のアルゴンキン公園に広がるまばゆいばかりの紅葉の姿だった。グループ・オブ・セブンやトムソンの目指すところは、「カナダの風景の変化とその躍動感」の表現にあった。まさにそれは、カナダ人によるまぎれもないカナダ絵画の誕生を意味した。

こうして、伝統や型に拘束されない発想の自由、目の前に広がる雄大な自然、そして北国特有の景観と生態（雪、寒さ、紅葉、先住民の姿等々）……これこそが、カナダ人画家の想像力をかきたてる要素だった。それはもうヨーロッパの絵画世界でなかった。

絵画とケベック・ナショナリズム

カナダ絵画でさらに特筆すべきは、フランス系ケベックの画家たちだ。「グループ・

オブ・セブン」が、英語系カナダの「文化ナショナリズム」を表現していたとすれば、この画家たちの底流にあるのは、「ケベック・ナショナリズム」だ。かといって、それは英語系カナダに対する敵対的感情表現というわけでもない。英語圏に囲まれているなかで、民族として自分たちのアイデンティティを守ろうとする内向的な心情にそれは根ざす。文化的「生き残り」志向がこの画家たちの共通項といってもいい。

歴史的に見れば、たしかにフランス植民地時代の絵画は宗教画が重要な位置を占めていた。さらにイギリス植民地になっていた18世紀後半から20世紀半ばに至るまで、ケベックではカトリック教会のもつ影響力は絶大だった。それが住民の精神的支柱だったからだ。だからこの地では、宗教画のもつ意味が他の州に比べて圧倒的に大きい。

その一方、フランス系ケベック独自の絵画も育まれていた。いずれもそれは、彼らの置かれている政治的・歴史的状況を反映していた。その源流を、ここでは19世紀の2人の画家に見てみよう。

その一人はジョセフ・レガレ（1795〜1870）だ。彼の生きた時代は、ある意味で〝激震〟のケベックだった。1837年の愛国党による反乱とその失敗、そして1839年のイギリスの『ダラム報告』は、フランス系を劣った民族とみなし、彼らの存在意義さえ損なうものだった。こうした屈辱的文脈のなかで、民族的意識に目覚めた作品が登場したのは、むしろ自然だった。

レガレの描いたテーマは多様ではあるのだが、その特徴の一つに風景画がある。技巧的にはイギリスのジョセフ・M・W・ターナー（１７７５〜１８５１）らの影響を受けながらも、彼は、ケベック独自の風土と人とを好んで描いた。政治的には真の祖国をもたなかったフランス系カナダ人に対し、絵画を通して自らの土地への愛着を表現したのだった。先祖がこの地を開墾し、定着し、そしてそこでユッタリした独自の生活を営む姿、つまり、ケベック人は真にくつろげる自らの風土をもっているのだ、ということをキャンバス上で表現したのだった。

またレガレは社会史の証人でもあった。当時、ケベック市内で起こった大火やコレラの流行といった悲惨な事件や社会現象、あるいは17世紀のフランス植民地時代におけるイエズス会宣教師の殉教図の作品も残している。ケベックの過去と同時代史を、視覚的に表現することに熱心だった。後年、彼は、ケベックの政治世界にも踏み込んでいくのだが、その底流は、やはり強い民族意識をもった天性の画家であった。

もう一人はテオフィル・アメル（１８１７〜７０）だ。時代背景は前述のレガレと重なるが、彼の後世に及ぼした重要な業績としては、ケベックの歴史肖像画の制作があげられる。彼の感性や技巧としては、ヨーロッパのロマンティシズムの影響を強く受けており、また多数の宗教画も残している。その意味で、その表現世界は独創的というより、伝統主義的・保守的だった。しかし、それでもケベック美術史のなかで、彼の作品の意味することは大きい。そのモチーフにナショナリスティックな情念を秘めていたからだ。

今日、カナダを探検したジャック・カルチエ（１４９１〜１５５７）や、１６０８年にケベック市を築いたサミュエル・ド・シャンプラン（1570頃〜1635）の肖像は、一応イメージ化されている。その歴史的事実としての真偽についてはここでは触れないが、ともあれ、ケベック史の始祖のイメージが創作されたのは、やっと19世紀半ばになってからのことだった。言い換えれば、そのときまで、ケベック史における視覚的に明白な英雄像は存在しなかった。それを作り上げたのが、実はこのアメルなのだ。

ではなぜ、この頃にこうした肖像画が登場したのか。イギリス人から「歴史も文学ももたない民族」と揶揄《やゆ》されたフランス系にとり、この時期こそが、逆に、自分たちの歴史を見直し、過去を賛美し、そして自らの文化を再発見する動機づけとなったからだ。民族的に追い詰められたなかから、歴史的アイデンティティを見直し、自分たちの歴史を築いた先祖の顔姿を視覚的にはっきりとイメージ化し、そしてケベック人であることの誇りを植え付けていく……それがアメルの果たした大きな役割だった。

レガレやアメルにかぎらない。ケベックの画家たちは、時代を超えて風景や人物や歴史を描きながらも、しかし、フランス系として生き残るための〝思い入れ〟は、古今を問わず、きわめて強い。

こうしてカナダ絵画への旅は、〝地域〟に触れながらも、その一方では〝民族〟の息吹を強く感じさせるもの、といえようか。

（竹中　豊）

02 テオフィル・アメル作「ジャック・カルナエ像」（1844頃。出典：Library and Archives Canada, MIKAN no. 2894521）。

36

現代カナダにおける音楽と環境との出会い

「サウンドスケープ」

「サウンドスケープ（soundscape）」とは、「景観・風景」という意味の英語「ランドスケープ（landscape）」からの造語、すなわち「音の風景」を意味する。日本では、この言葉とその考え方のもと、１９９６年に環境庁（当時）が実施した〈残したい日本の音風景１００選〉など、これまでさまざまなプロジェクトが展開されている。けれども、それらの活動が紹介されるとき、その用語と考え方を生み出した人物や国が語られることはあまりない。

「サウンドスケープ」という言葉を考案し、さらにそれを単なる「造語」を超えた新たな環境の思想として提唱したのは、現代カナダを代表する作曲家、「音響生態学の開拓者」としても知られるR・マリー・シェーファー（1933〜）だった。

オホーツク海の「流氷の鳴き声」から、西表島《いりおもてじま》の「マングローブの森の音」まで、日本の国を「音の風景」をテーマに旅することができる。同様に、広大なカナダを、ブリティッシュ・コロンビア州の原生林を覆う深閑とした静けさや、ナイアガラの瀑布の轟音等、それぞれの土地固有のサウンドスケープを求めて旅することもできる。しかしここでは、私自身がカナダと出会うきっかけとなった「サウンドスケープ」、その考え方を産み出すまでのシェーファーの半生とその時代を、読者と一緒に旅することにしたい。

シェーファーにおける「サウンドスケープ」への旅

1933年7月18日オンタリオ州サーニアに生まれたシェーファーは、12歳でトロント音楽院に入学し、そこで約10年間ピアノ、ハープシコード、作曲を学んだ。ピアノを師事したアルベルト・ゲレロは当時、グレン・グールド（シェーファーより1歳上）を教えていたが、シェーファーがピアニストに向かないことをいち早く見抜いたという。

学生時代から、音楽にとどまらない幅広い関心の持ち主だったシェーファーは、文学、哲学、美術、外国語などを独力で学んだ。彼が、トロント大学で教鞭をとっていたマーシャル・マクルーハンの授業を聴講していたのもこの頃だった。

1956年、トロントでの音楽教育に飽き足らなくなったシェーファーは音楽院をやめ、ウィーンに渡る。しかし、そこでの音楽教育に失望し、音楽の代わりに中世ドイツ語を学び、さらにイギリスに渡る。当時のロンドンでは、現代音楽のコンサートが盛んで、シェーファーもこの頃から本格的な作曲活動を始めることになる。その間もヨーロッパ各地を訪れながら、独自の音楽観と世界観を形成していった。

1961年、カナダに帰国。トロントで、演奏される機会の少ない新しい音楽と古い音楽を毎年シリーズで演奏する「10世紀のコンサート」を設立し、その初代会長となる。1963年には、ニューファンドランド州（当時）のニューファンドランド・メモリアル大学へ、アーティスト・イン・レジデンスとして移り住む。

作曲家としてのシェーファーの活動が充実してくるのは、1960年以降のこと。その頃の作品に特徴的なのは「電子音楽」「ミクストメディア」「図形楽譜」「不確定性」等、とりわけ1960年代に一般的となっていた現代音楽の手法の幅広い導入である。こうした各種技法は、1980年頃までの彼の作品すべてに、渾然一体となって認められる。このことは、これら個々の技法の開拓や使用そのものが、彼の関心の中心ではないことを示している。

さて、シェーファーが「サウンドスケープ」という用語を考案し、それを深化していったのには、1965年から約10年間にわたるヴァンクーヴァーという都市での生活が重要な意味をもつ。1965年、シェーファーはヴァンクーヴァーに新設されたサイモン・フレーザー大学（SFU）に赴き、教育学部に所属した。この学部は当時、マクルーハンの弟子アーキ・マッキノンによって、芸術と科学の伝統的な境界を取り除くための実験的な学際学部として構想され、さながらバウハウスの再来のようだったという。シェーファーはこの時期から実験的な音楽教育のプログラムを展開するようになり、1970年頃になるとその内容は「音楽教育」を超え、「音を通じての環境教育」へと展開していく。

サウンドスケープ概念の創出と深化

シェーファーの活動において、「サウンドスケープ」という言葉がある程度明確な輪郭をもって現れてくるのは、『新しいサウンドスケープ』（1969）においてである。彼はここで「音楽とは音である。コンサートホールの内と外とを問わずわれわれを取り巻く音である」というジョン・ケージ（1912～92）の言葉を引用しつつ、「今日すべての音は音楽の包括的な領域内にあって、とぎれのない可能性の場を形成している。新しいオーケストラ、鳴り響く森羅万象に耳を開け！」と述べ、その聴取対象を「サウンドスケープ」として位置づけている。

サウンドスケープ概念成立の背景としては、こうした当時の現代芸術の他にも、1960年代を中心とするマーシャル・マクルーハンのメディア論や、当時の北アメリカにおける環境思想や環境運動の存在を指摘することができる。1960年代は、北アメリカの西海岸を中心に「エコロジー運動」が人々の間に急速に広まった。それはカナダにおいても例外ではなく、ヴァンクーヴァーには当時「科学公害環境制御協会」という団

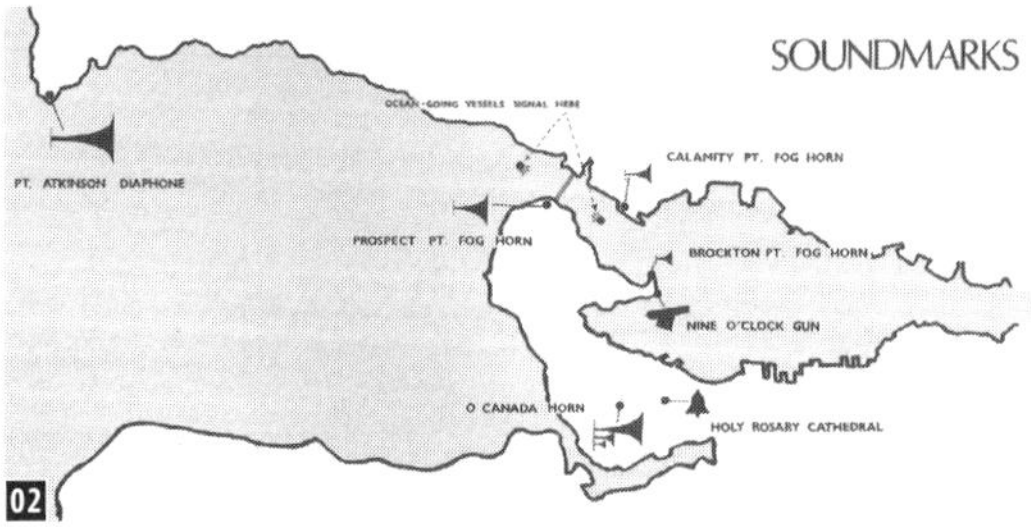

01 02 ＷＳＰによる調査研究成果をまとめた最初の報告書 *The Vancouver Soundscape* の表紙と、ヴァンクーヴァーのサウンドマーク（標識音：特定のサウンドスケープを顕著に特徴づけ、その共同体の人々がとくに大切に思う音）を示す地図（出典：Schafer, Murray (ed.) published by WSP with the support of British Columbia Hydro, 1974）。

体があり、環境運動の中心的役割を果たしていた。シェーファーも、この団体が主催する会合にたびたび出席して、その頃まだあまり気づかれていなかった「騒音問題」への一般市民の関心を高めようとしていた。

１９７０年代の初め、シェーファーはカナダ・カウンシル等からの助成を受け、ＳＦＵのコミュニケーション学部に「世界サウンドスケープ・プロジェクト（ＷＳＰ）」という活動拠点をつくった。これを母体に、１９７０年代前半を通じて、ヴァンクーヴァー（図01・02）、カナダ全土、ヨーロッパ各地へと「サウンドスケープ調査」を展開し、サウンドスケープ概念をさらに深化させていった。

一連の野外調査活動の実践を終えた後、シェーファーはその主著『世界の調律』（１９

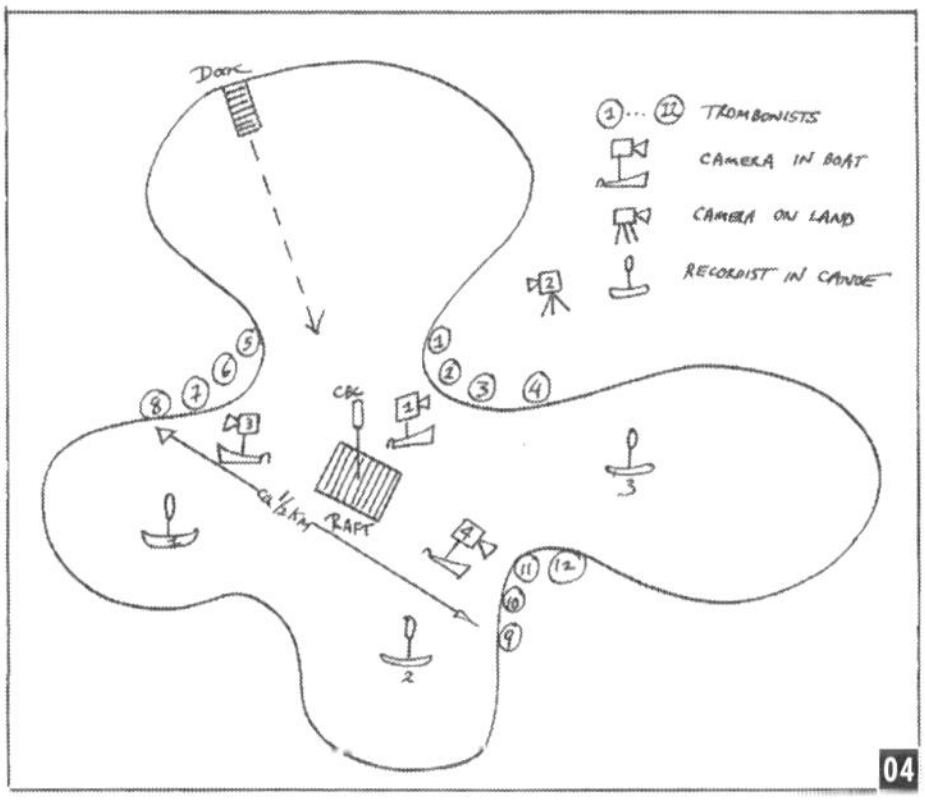

７７）を著した。翌年、「サウンドスケープ」という用語は、ＷＳＰ編纂の『音響生態学ハンドブック』（１９７８）において「個人、あるいは特定の社会がどのように知覚し、理解しているかに強調点の置かれた音の環境。したがって、サウンドスケープはその個人がそうした環境とどのような関係を取り結んでいるかによって規定される」と定義されるようになった。

１９７５年、ＷＳＰの活動を終えたシェーファーはオンタリオ州に戻った。以来、トロントの北に広がる広大な原生林やそこに点在する湖をはじめ、カナダ独自の各種の環境を舞台とした音楽劇等、従来の様式にとらわれない各種のプロジェクトを手がけている（図03・04）。サウンドスケープ概念確立後のそうした作品には、シェーファーによるカナダ先住民文化への新たな旅の始まりをも認めることができる。

１９８７年には第１回グレン・グールド賞、２

03 04 〈野生の湖のための音楽〉スコアの表紙と、楽器と指揮のために浮かべた筏の配置図。シェーファーが当時住んでいた家のそばの小さな湖、12本のトロンボーンのための作品。日の出と日の入りの時間帯に演奏される（出典：Music for Wilderness Lake, 1980, Arcana Edition）。

005年にはワルター・カールソン賞を受賞するなど、シェーファーは、カナダを代表する作曲家である。と同時に、彼の仕事はヴィジュアル・アートや評論活動、環境教育の領域にも及び、その活動は従来の「作曲家」あるいは「芸術家」の枠組みを超えている。それをもっとも明確に示すのが、サウンドスケープ概念の提唱と、WSPによる音環境の調査研究活動の実践である。

シェーファーはさらに、音の世界を手がかりに、環境との生き生きとした関係を取り戻すための課題集『サウンド・エデュケーション』において、次のように述べている。

現代の『文明化された』社会では、音は科学の一領域に組み込まれてしまった。そのために音はさまざまな感情や記憶をかきたてる力の多くを失ってしまった。たとえば、こだまを専門的に説明することはできる。けれども、自分の声がまた戻ってくるのを聞いたときに覚えるあの喜びは、いつもむしろ魔法に近いように思われる。

自然現象と、それを体験する人の思いや感情、それに基づく人間の科学的好奇心とのつながりにこそ、環境と文明のバランス、文化そのもののパワーの根源がある。ところが、現代社会においては、それらがみなバラバラで、かつてのようにすみやかにつながっていく力をもたない。このことが現代社会の「科学」と「芸術」の双方における閉塞感、ならびに環境問題の根源であり、現代文明そのものの衰退にもつながっている。

双方の領域に真剣にかかわっている人々のなかには、そうした危惧を抱いている人が少なからずいるが、シェーファーもまたその一人である。

シェーファーの仕事や生き方に見るこうした特性は、何よりも彼固有の気質や性格に由来する。しかし、同時にそれは、近代西洋文明の枠組みを産み出したヨーロッパとは異なる北アメリカという歴史や風土、なかでもアメリカとは一線を画するカナダという社会や文化と深い関係にあると私は考えている。

（鳥越けい子）

37

カナダのファンタジーとインディアン像
想像力の源として

インディアン、その異質なものとしての魅力

カナダ的なイマジネーションの源としては、極北の大自然、森林といった自然のほか、異文化混交の状況をあげることができるが、とりわけインディアンの存在や、古くから自然と密接にからみ合った彼らの生活習慣、文化、伝承文学の影響は計り知れない。このことは、20世紀前半に活躍した画家のエミリー・カー（１８７１～１９４５）の絵を例にするとわかりやすいだろう。彼女は先住民の生活と文化、そして太古からの木々が茂る原生林から霊感を得て、それを独特の絵で表現した。彼女の絵には、表面的な美しさ

ではなく、力強さと泥臭さが同居し、どこか不気味な、それでいて大自然に根ざしたカナダの美が表現されている。

ここでは空想的な物語全般を指すファンタジーに注目しながら話を進めることにする。とくに1950年代から1980年代にかけてヨーロッパ系カナダ人によって書かれたファンタジーには、エミリー・カーの絵に通じるものがあり、どんなかたちで自然やインディアンの存在が想像力の源になっているのか探ってみたい。

インディアンの女神が治める別世界

カナダで書かれた最初のファンタジーとされる、キャサリン・アンソニー・クラーク（1892〜1977）の『金の松かさ』（1950）は、ブリティッシュ・コロンビア州、ロッキー山脈のふもとにあるクートニーに住む著者が、周辺の森と湖を背景に、地元のインディアンに伝わる話とヨーロッパの伝承文学の要素を織り交ぜて作った、いわばハイブリッド的なファンタジーである。ある日、森林地帯に住む兄妹が湖の岸辺で松かさの形をした耳飾りを拾うのだが、これはこの地域を統べるインディアンの精霊である女神テコンタのもので、悪の手に渡れば世界の均衡が崩れると聞き、2人は耳飾りを持ち主に届ける冒険の旅に出る。道中、湖底で巨大な水竜と戦ったり、凶暴な巨人インディアンのナスーキンに捕まったり、魔女に氷漬けにされそうになったりと危機に陥りながらも、カナダ雁など動物たちの助けを得て、2人は無事に役目を果たす。

兄妹は耳飾りを手にしたことで別世界に入るのだが、そこには先住民同士の争いや、激しい愛憎、厳しい掟など、白人から見たインディアン社会のイメージが強く反映されている。神々しく美しい女神のテコンタは、必ずしも優しいだけではなく、掟に反した者に対しては容赦しない厳しい面ももつ。兄妹は耳飾りを返す困難な旅の途中で、勇気を奮って水竜を倒し、妻を失った悲しみで凶暴な巨人と化したナスーキンの心を慰めた。これにより、初めて女神は慈愛を示し、この世界の平和が約束されるのである。

また、女神テコンタの支配する世界は自然と強く結びついており、それは彼女が住む場所の描写にも表れている。カナダ雁の助けによって山脈を越えた奥地に運ばれた兄妹は、さらに谷の奥へと川をさかのぼるのだが、２人を乗せた屈強なインディアンが漕ぐカヌーからの景色は、進むごとに四季折々の変化を見せ、この世のものとは思えない美しさで読者を魅了する。

著者のクラークは、ほかの作品にもインディアンとその世界を登場させているが、いずれも彼らの伝承や自然と強くつながり、時に不気味、時に楽園的な美しさをもつ魔法的な別世界として描かれている。主人公たちは冒険中に、愛と勇気そして他者への共感を示すことで、世界に平和をもたらし、成長して元の世界に戻ってくるのである。西部劇に登場するようなステレオタイプ的なインディアン像に陥らない描き方は、クラークがインディアンの存在や、自然と強く結びついた彼らの生活ぶりに共感し、そこから強い刺激を得て創作したからだろう。

インディアンの民話に魅せられて――クリスティ・ハリスと「鼠婆さん」

かつて、インディアンの民話を初めて耳にしたイギリス人は、荒削りでとりとめがないストーリーに大いに戸惑ったという。たとえば、トリックスターとして知られるコヨーテは、人間に変身したり、男女の性別が入れ替わったり、良いこともすれば悪戯《いたずら》もする。カナダにやってきた西洋人らは、このような摩訶不思議な物語に納得がいかず、西洋的な価値基準を当てはめて書き変えてしまったものも多いといわれている。一方で、20世紀後半に活躍したクリスティ・ハリス（1907〜2002）のように、先住民の伝承文学に強い関心を寄せ、廃れかけた物語の落穂拾いをして、現代の子供に伝えようとした作家もいる。

『鼠婆さんと消えたお姫さま』（1976）は、こうしたハリスの地道な努力から生まれたもので、先住民のハイダ人に伝わる守り神である「鼠婆さん」の物語を集め再話したものだ。物語によれば、「鼠婆さん」は小さな鼠に姿を変えることができ、窮地に陥った子供を助けてくれる魔法使い的な存在だという。表題作の物語では、ハイダ人の姫たちが次々と謎の失踪をするなか、さらに一人のお姫さまが旅の男にたぶらかされて島に連れ去られる。この男のせいで、お姫さまはあわや大きな鳥の餌食になるところを、突然現れた小さな白鼠が示す洞穴に身を隠すことで助かる。無事

01『鼠婆さんと消えたお姫さま』（Harris, Christie. *Mouse Woman and the Vanished Princess*. Vancouver: Raincoast, 1976）。

に家に戻ると、再び鼠が現れるが、すぐにいなくなり、「そこには黒っぽい鼠皮のマントを着たお婆さんが、鼠のようにせわしげに動く目でこちらを見ていたが、人々が驚いている間に姿を消してしまう」。

このほかにもハリスには、鹿や大鴉《おおがらす》といった、やはりハイダ人が守り神としている動物からインスピレーションを得て創作した物語があり、インディアンの想像力と独特の文学性が彼女の想像力を突き動かす原動力となっていたことがわかる。

インディアンの仮面と魔力

20世紀後半に書かれたカナダのファンタジーは、現実的な要素が強いのが特徴で、先にあげた『金の松かさ』のような異世界冒険譚は珍しく、リアルな日常を基盤にした物語に、何らかの原因で超自然的な要素がからんでくるタイプの作品が多い。たとえば、家族内の争いや対立が子供に与える不安や、絶滅したインディアンの苦悩の歴史を伝える手段として、超自然現象的にインディアンのイメージを使った作品もあり、マジック・リアリズムと相通じるところがある。

ウェルウィン・ウィルトン・カッツ（1948～）の『インディアンの仮面』（1987）には、魔力をもつ仮面が登場する。古物商を営む身勝手な母親をもつ少女レイニーと、彼女のクラスメイトで先住民と白人の混血の少年トムが、大小2つの対《つい》になる仮面が沼地に沈んでいるのを見つける。しかも2人は、この仮面には呪いがかかっており、これをみだりに扱う者に悲劇が起こると知り、恐怖に陥る。そして、レイニーの母が強引に2つの仮面を手に入れて売りさばこうとすると、仮面に込められた呪いが現実となり、恐ろしい超常現象が起こる。

インディアンに伝わる仮面の魔力と、2人の子供が抱える家族問題や民族的アイデンティティの問題とがからみ合い、物語は単なるリアリズム小説以上の凄みをもって読者に迫ってくる。インディアンが儀式やまじないに使う道具は、西洋文化やキリスト教とは異なる世界観を伝え、時につかみどころのない恐怖心を表現する手段にもなる。これらをファンタジーに生かした作品は1980年代前後のものに多く、現代社会とそこで生きる人々が抱える不安と強くかかわっているのが特徴である。

21世紀のファンタジーのゆくえ

「ハリー・ポッター」が世界的なファンタジー・ブームを巻き起こした1990年代後半以降、カナダの一般文学でも児童文学でもファンタジーが急増してきた。そして児童文学の分野では、明らかにそれ以前のファンタジーとは異なるタイプの作品が書かれるようになっている。乱暴な言い方になるが、新しい作品にはここで述べてきたような、いわゆるカナダらしさがなくなってきているのである。現代にあっては、カナダの想像力もグローバル化の流れに逆らえないのかもしれない。

（白井澄子）

原口邦紘（はらぐち・くにひろ）
外務省外交史料館編纂委員、中央大学兼任講師。修士（文学）。主な論文に「日本とカナダ」『はじめて出会うカナダ』（有斐閣、2009 年）、「平原州カナダと日本――ウィニペッグ、エドモントン、カルガリーにおける日本国総領事館の変遷」（『平原カナダの研究』日本カナダ学会西部カナダ学際研究ユニット、2012 年）など。
担当章：32

細川道久（ほそかわ・みちひさ）
鹿児島大学法文学部人文学科教授。日本カナダ学会理事。博士（文学）。主な著書に『カナダ・ナショナリズムとイギリス帝国』（刀水書房、2007 年）、『カナダの歴史がわかる 25 話』（明石書店、2007 年）、『カナダ史（新版世界各国史 23）』（共著、山川出版社、1999 年）、『多文化主義社会の福祉国家――カナダの実験』（共著、ミネルヴァ書房、2008 年）、*Canadian Studies: The State of the Art*（共著、Peter Lang、2011 年）、『「白人」支配のカナダ史――移民・先住民・優生学』（彩流社、2012 年）など。
担当章：4, 7

矢頭典枝（やず・のりえ）
神田外語大学英米語学科准教授。博士（学術）。在カナダ日本国大使館専門調査員、オタワ大学言語学科客員研究員などを歴任。日本ケベック学会理事。主な著書に『カナダの公用語政策』（リーベル出版、2008 年）、*Corpus Analysis and Variation in Linguistics*（共著、John Benjamins Publishing Company、2009 年）、『ケベックを知るための 54 章』（共著、明石書店、2009 年）、『はじめて出会うカナダ』（共著、有斐閣、2009 年）、『グローカリゼーション』（共著、神田外語大学出版局、2009 年）、『現代カナダを知るための 57 章』（共著、明石書店、2010 年）など。
担当章：22

山田千香子（やまだ・ちかこ）
長崎県立大学経済学部地域政策学科教授。学術博士（文化人類学）。主な著書・論文に『カナダ日系社会の文化変容――「海を渡った日本の村」三世代の変遷』（御茶の水書房、2000 年、カナダ首相出版賞受賞）、「カナダ日系移民――ジェンダー視点からの考察」（粟屋利江・松本悠子編著『人の移動と文化の交差（ジェンダー史叢書 7）』明石書店、2011 年）など。
担当章：33

立花英裕（たちばな・ひでひろ）
早稲田大学法学部教授。専門はフランス語圏文学。共編著に『21 世紀の知識人』（藤原書店、2009 年）、『フランス語で広がる世界―― 123 人の仲間』（駿河台出版、2004 年）、訳書にダニー・ラフェリエール『ハイチ震災日記――私のまわりのすべてが揺れる』（藤原書店、2011 年）、ピエール・ブルデュー『国家貴族――エリート教育と支配階級の再生産』（藤原書店、2012 年）、エメ・セゼール『ニグロとして生きる』（共訳、法政大学出版局、2011 年）、フランケチエンヌ他『月光浴――ハイチ短篇集』（共訳、国書刊行会、2003 年）など。
担当章：26

田中俊弘（たなか・としひろ）
麗澤大学外国語学部教授。日本カナダ学会理事。専門はカナダ史。アルバータ大学客員研究員（2010 ～ 11 年）、著書・論文に『現代カナダを知るための 57 章』（共著、明石書店、2010 年）、「『カナダの良心』J・S・ウッズワースの孤立主義と平和主義」（『カナダ研究年報』第 31 号、2011 年）など。共訳書にジョン・ミーハン『日加関係史 1929 - 1941：戦争に向かう日本――カナダの視座から』（彩流社、2006 年）。
担当章：5

堤　稔子（つつみ・としこ）
桜美林大学名誉教授（前文学部英語英米文学科・大学院教授）。博士（米国史）。日本カナダ文学会顧問・元会長。主な著書・論文に『カナダの文学と社会――その風土と文化の探究』（こびあん書房、1995 年）、『日本とカナダの比較文学的研究――さくらとかえで』（共著、文芸広場社、1985 年）、「Nikkei Voice 紙にみる 90 年代の日系カナダ文学」（『カナダ文学研究』日本カナダ文学会、第 6 号 、1997 年）など。
担当章：28

友武栄理子（ともたけ・えりこ）
関西学院大学非常勤講師。2003 ～ 04 年カナダ、ケベック州ラヴァル大学研究センター在籍。著書に *Conversation dans la classe, un manuel de français*（共著、ALMA、2003 年）、『ケベックを知るための 54 章』（共著、明石書店、2009 年）、『現代カナダを知るための 57 章』（共著、明石書店、2010 年）。
担当章：3, 13

鳥越けい子（とりごえ・けいこ）
青山学院大学総合文化政策学部教授。サウンドスケープをテーマに、日本各地の環境文化資源を発掘しながら、環境デザイン、まちづくりやワークショップ、アートとコミュニティ活動等を展開している。主な著書に『サウンドスケープ――その思想と実践』（鹿島出版会、1997 年）、『サウンドスケープの詩学　フィールド篇』（春秋社、2008 年）など。共訳書に R・マリー・シェーファー『世界の調律――サウンドスケープとはなにか』（平凡社、1986/2006）など。
担当章：36

佐藤アヤ子（さとう・あやこ）
明治学院大学教養教育センター教授。日本カナダ文学会会長、日本ペンクラブ会員。ブリティッシュ・コロンビア大学客員研究員（1991 ～ 93 年）。主な著書に『J. D. サリンジャー文学の研究』（共著、東京白川書院、1983 年）、『日米映像文学に見る家族』（共著、日本優良図書出版会、2002 年）。主な訳書にマーガレット・アトウッド『寝盗る女』（共訳、彩流社、2001 年）、同『またの名をグレイス』（岩波書店、2008 年）、同『負債と報い――豊かさの影』（岩波書店、2012 年）など。
担当章：25

佐藤信行（さとう・のぶゆき）
中央大学法科大学院教授、中央大学副学長。日本カナダ学会副会長。博士（法学）。専門は、公法、英米カナダ法、情報法および法情報学。主な著書に『はじめて出会うカナダ』（共編著、有斐閣、2009 年）、『要約憲法判例 205』（共編著、学陽書房、2007 年）、『新訂 専門資料論（新現代図書館学講座 9）』（共著、東京書籍、2004 年）など。
担当章：20

下村雄紀（しもむら・ゆうき）
神戸国際大学経済学部教授。日本カナダ学会副会長。カナダ研究国際協議会（ICCS）理事。アジア太平洋カナダ研究ネットワーク（PANCS）理事。アルバータ大学客員教授（2005 ～ 06 年）。主な著訳書にロイ・ミキ他『正された歴史――日系カナダ人への謝罪と補償』（共訳、つむぎ出版、1991 年）、『新版　アメリカ新研究』（共著、北樹出版、1999 年）、『コミュニケーション問題を考える』（共編著、ミネルヴァ書房、2004 年）など。
担当章：9

白井澄子（しらい・すみこ）
白百合女子大学教授。専門は英米カナダの児童文学、児童図書館学。修士。ウィニペグ大学研究員（2010 年）。主な著訳書にハンフリー・カーペンター他著『オックスフォード世界児童文学百科』（共訳、原書房、1998 年）、『エリナー・ファージョン（現代英米児童文学作家評伝 3）』（KTC 中央出版、2002 年）、『もっと知りたい名作の世界⑩「赤毛のアン」』（共編著、ミネルヴァ書房、2008 年）など。
担当章：29, 37

高村宏子（たかむら・ひろこ）
東洋学園大学人文学部元教授、現在非常勤講師。専門はカナダと米国の日系人史。主な著書に『北米マイノリティと市民権――第一次大戦における日系人、女性、先住民』（ミネルヴァ書房、2009 年）、『引き裂かれた忠誠心　第二次世界大戦中のカナダ人と日本人』（共著、ミネルヴァ書房、1994 年）など。
担当章：30

竹中　豊（たけなか・ゆたか）
編著者紹介の項参照。
担当章：1, 2, 14, 35

木野淳子（きの・じゅんこ）
東京外国語大学、立教大学、大妻女子大学講師。修士（文学）。専門はカナダ史。主な著書に『現代カナダを知るための57章』（共著、明石書店、2010年）、主な論文に「1820年代のプレスに見る『外国人問題』論争とアッパーカナダ植民地住民」（『カナダ研究年報』第21号、2001年）、「ウィリアム・ライオン・マッケンジーの議員除名とアッパーカナダ植民地における1831－32年の請願運動」（『カナダ研究年報』第26号、2006年）など。
担当章：6, 18, 24

草野毅徳（くさの・たかのり）
神戸学院大学名誉教授、前栄養学部教授。農学博士。専門は食品栄養学、殊に穀物科学。日本穀物科学研究会・日本カナダ学会などの理事・会長を歴任。1982年2月から1年間マニトバ大学農学部で「小麦たんぱく質に関する研究」に従事して以来、カナダの穀物産業への関心を深めている。主な共著書に『蕎麦の世界』（柴田書店、1985年）、『食物栄養学』（培風館、1987年）など。
担当章：10

古地順一郎（こぢ・じゅんいちろう）
カナダ政治研究者。博士（政治学）。専門領域は、ケベック政治、カナダ政治、移民政策。主な著訳書にアラン＝G・ガニョン、ラファエル・イアコヴィーノ『マルチナショナリズム――ケベックとカナダ・連邦制・シティズンシップ』（共訳、彩流社、2012年）、*Immigrant Settlement Policy in Canadian Municipalities*（共著、McGill-Queen's University Press、2011年）、『現代カナダを知るための57章』（共著、明石書店、2010年）など。
担当章：12, 21, 23

小林順子（こばやし・じゅんこ）
清泉女子大学名誉教授。長年フランスとカナダのケベック州の教育政策・制度を研究、1999年に日本カナダ教育研究会（のちに日本カナダ教育学会に改称）を他の研究者とともに設立。主な著書に『ケベック州の教育　1600年から1990年まで（カナダの教育1)』（東信堂、1994年）、『21世紀にはばたくカナダの教育（カナダの教育2)』（共著、東信堂、2003年）など。
担当章：19

小松祐子（こまつ・さちこ）
筑波大学人文社会系（現代語・現代文化専攻）准教授。専門分野はフランス語教育学、フランス語圏言語文化研究。主な著書に『ミッション・インターネット――インターネットで学ぶフランス語』（共著、駿河台出版社、2008年）、『フランコフォニーへの旅』（共著、駿河台出版社、2009年）、主な論文に「フランコフォニー概念の変遷と受容」（『藝文研究』no.97、2009年）、"Le Québec dans l'enseignement du français au Japon"（*Revue internationale de l'ACEQ*, no.5, 2011年）など。
担当章：16

■執筆者紹介（五十音順）

飯笹佐代子（いいざさ・さよこ）
東北文化学園大学教員。博士（社会学）。著訳書に『シティズンシップと多文化国家――オーストラリアから読み解く』（日本経済評論社、2007年、第24回大平正芳記念賞受賞）、チャールズ・テイラー、ジェラール・ブシャール編『多文化社会ケベックの挑戦――文化的差異に関する調和の実践 ブシャール＝テイラー報告』（共訳、明石書店、2011年）など。
担当章：17

飯野正子（いいの・まさこ）
編著者紹介の項参照。
担当章：31

池内光久（いけうち・みつひさ）
日本カナダ検定協会（NPO法人）副理事長、日本カナダ学会監事、日本ケベック学会監事、明治大学講師（カナダ、ケベック講座）、日加協会、在日カナダ商工会議所、各会員、元東京海上火災保険㈱トロント首席駐在員、カナダ現法役員、元カナダ・ジャパン・ビジネス・レビュー誌在日代表。著訳書に『カナダ・ライフ――単身赴任レポート』（彩流社、1993年）、D・J・バーカソン『カナダの旗の下で――第二次世界大戦におけるカナダ軍の戦い』（共訳、彩流社、2003年、カナダ首相出版賞受賞）など。
担当章：8, 11

小倉和子（おぐら・かずこ）
立教大学異文化コミュニケーション学部教授。博士（文学）。日本ケベック学会会長。著書に『フランス現代詩の風景――イヴ・ボヌフォワを読む』（立教大学出版会、2003年）、論文に「アンヌ・エベール『シロカツオドリ』の海景」（『立教大学フランス文学』第37号、2008年）、訳書にダニー・ラフェリエール『帰還の謎』（藤原書店、2011年）など。
担当章：27

岸上伸啓（きしがみ・のぶひろ）
国立民族学博物館・総合研究大学院大学教授。博士（文学）。主な編著書に『北極海の狩人たち――ホッキョククジラとイヌピアットの人々』（風土デザイン研究所、2012年）、『カナダ・イヌイットの食文化と社会変化』（世界思想社、2007年）、『イヌイット――「極北の狩猟民」のいま』（中公新書、2005年）、『極北の民　カナダ・イヌイット』（弘文堂、1998年）、『開発と先住民』（編著、明石書店、2009年）、『捕鯨の文化人類学』（編著、成山堂、2012年）など。
担当章：15, 34

■編著者紹介

飯野正子（いいの・まさこ）
津田塾大学学長・教授。マギル大学客員助教授、アカディア大学客員教授、カリフォルニア大学バークレー校客員研究員などを歴任。日本カナダ学会監事。1996～2000年、日本カナダ学会会長。2001年、カナダ研究国際協議会より国際カナダ研究カナダ総督賞受賞。主な編著書に『日系カナダ人の歴史』（東京大学出版会、1997年、カナダ首相出版賞受賞）、『もう一つの日米関係史――紛争と協調のなかの日系アメリカ人』（有斐閣、2000年）、『津田梅子を支えた人びと』（共編著、有斐閣、2000年）、『カナダを知るための60章』（共編著、明石書店、2003年）、『日本の移民研究　動向と文献目録』（IおよびII）（共編著、明石書店、2007年）、『現代カナダを知るための57章』（共編著、明石書店、2010年）、『エスニック・アメリカ――多文化社会における共生の模索（第3版）』（共著、有斐閣、2011年）など。

竹中　豊（たけなか・ゆたか）
カリタス女子短期大学言語文化学科教授。青山学院女子短期大学兼任講師。日本カナダ学会理事、日本ケベック学会理事、元在カナダ日本国大使館専門調査員。津田塾大学・慶応義塾大学・明治大学・広島修道大学などの兼任講師を歴任。主な著書・監修・訳書に『カナダ　大いなる孤高の地――カナダ的想像力の展開』（彩流社、2000年、カナダ首相出版賞受賞）、ジェラール・ブシャール『ケベックの生成と「新世界」――「ネイション」と「アイデンティティ」をめぐる比較史』（監修、彩流社、2007年、カナダ首相出版賞審査員特別賞受賞）、『ケベックを知るための54章』（共編著、明石書店、2009年）、『現代カナダを知るための57章』（共編著、明石書店、2010年）、チャールズ・テイラー、ジェラール・ブシャール編『多文化社会ケベックの挑戦――文化的差異に関する調和の実践 ブシャール＝テイラー報告』（共訳、明石書店、2011年）など。

エリア・スタディーズ　109
カナダを旅する37章

2012年10月31日　初版第1刷発行

編著者　飯野正子
竹中豊
発行者　石井昭男
発行所　株式会社 明石書店
〒101-0021 東京都千代田区外神田6-9-5
電話 03（5818）1171
FAX 03（5818）1174
振替 00100-7-24505
http://www.akashi.co.jp
組版　明石書店デザイン室
印刷　モリモト印刷株式会社
製本　協栄製本株式会社

（定価はカバーに表示してあります）　ISBN978-4-7503-3697-8

21 現代ロシアを知るための60章【第2版】
下斗米伸夫、島田 博編著 ◎2000円

22 21世紀アメリカ社会を知るための67章
明石紀雄監修 ◎2000円

23 スペインを知るための60章
野々山真輝帆 ◎2000円

24 キューバを知るための52章
後藤政子、樋口 聡編著 ◎2000円

25 カナダを知るための60章
綾部恒雄、飯野正子編著 ◎2000円

26 中央アジアを知るための60章【第2版】
宇山智彦編著 ◎2000円

27 チェコとスロヴァキアを知るための56章【第2版】
薩摩秀登編著 ◎2000円

28 現代ドイツの社会・文化を知るための48章
田村光彰、村上和光、岩淵正明編著 ◎1800円

29 インドを知るための50章
重松伸司、三田昌彦編 ◎1800円

30 タイを知るための60章
綾部恒雄、林 行夫編著 ◎2000円

31 パキスタンを知るための60章
広瀬崇子、山根 聡、小田尚也編著 ◎2000円

32 バングラデシュを知るための60章【第2版】
大橋正明、村山真弓編著 ◎2000円

33 イギリスを知るための65章
近藤久雄、細川祐子編著 ◎2000円

34 現代台湾を知るための60章【第2版】
亜洲奈みづほ ◎2000円

35 ペルーを知るための66章【第2版】
細谷広美編著 ◎2000円

36 マラウィを知るための45章【第2版】
栗田和明 ◎2000円

37 コスタリカを知るための55章
国本伊代編著 ◎2000円

38 チベットを知るための50章
石濱裕美子編著 ◎2000円

39 現代ベトナムを知るための60章【第2版】
今井昭夫、岩井美佐紀編著 ◎2000円

40 インドネシアを知るための50章
村井吉敬、佐伯奈津子編著 ◎2000円

〈価格は本体価格です〉

エリア・スタディーズ

41 エルサルバドル、ホンジュラス、ニカラグアを知るための45章
田中 高編著 ◎2000円

42 パナマを知るための55章
国本伊代、小林志郎、小澤卓也 ◎2000円

43 イランを知るための65章
岡田恵美子、北原圭一、鈴木珠里編著 ◎2000円

44 アイルランドを知るための70章【第2版】
海老島 均、山下理恵子編著 ◎2000円

45 メキシコを知るための60章
吉田栄人編著 ◎2000円

46 中国の暮らしと文化を知るための40章
東洋文化研究会編 ◎2000円

47 現代ブータンを知るための60章
平山修一編著 ◎2000円

48 バルカンを知るための65章
柴 宜弘編著 ◎2000円

49 現代イタリアを知るための44章
村上義和編著 ◎2000円

50 アルゼンチンを知るための54章
アルベルト松本 ◎2000円

51 ミクロネシアを知るための58章
印東道子編著 ◎2000円

52 アメリカのヒスパニック＝ラティーノ社会を知るための55章
大泉光一、牛島 万編著 ◎2000円

53 北朝鮮を知るための51章
石坂浩一編著 ◎2000円

54 ボリビアを知るための68章
真鍋周三編著 ◎2000円

55 コーカサスを知るための60章
北川誠一、前田弘毅、廣瀬陽子、吉村貴之編著 ◎2000円

56 カンボジアを知るための62章【第2版】
上田広美、岡田知子編著 ◎2000円

57 エクアドルを知るための60章
新木秀和編著 ◎2000円

58 タンザニアを知るための60章
栗田和明、根本利通編著 ◎2000円

59 リビアを知るための60章
塩尻和子 ◎2000円

60 東ティモールを知るための50章
山田 満編著 ◎2000円

61 グアテマラを知るための65章　桜井三枝子編著　◎2000円
62 オランダを知るための60章　長坂寿久　◎2000円
63 モロッコを知るための65章　私市正年、佐藤健太郎編著　◎2000円
64 サウジアラビアを知るための65章　中村 覚編著　◎2000円
65 韓国の歴史を知るための66章　金 両基編著　◎2000円
66 ルーマニアを知るための60章　六鹿茂夫編著　◎2000円
67 現代インドを知るための60章　広瀬崇子、近藤正規、井上恭子、南埜猛編著　◎2000円
68 エチオピアを知るための50章　岡倉登志編著　◎2000円
69 フィンランドを知るための44章　百瀬 宏、石野裕子編著　◎2000円
70 ニュージーランドを知るための63章　青柳まちこ編著　◎2000円

71 ベルギーを知るための52章　小川秀樹編著　◎2000円
72 ケベックを知るための54章　小畑精和、竹中 豊編著　◎2000円
73 アルジェリアを知るための62章　私市正年編著　◎2000円
74 アルメニアを知るための65章　中島偉晴、メラニア・バグダサリヤン編著　◎2000円
75 スウェーデンを知るための60章　村井誠人編著　◎2000円
76 デンマークを知るための68章　村井誠人編著　◎2000円
77 最新ドイツ事情を知るための50章　浜本隆志、柳原初樹　◎2000円
78 セネガルとカーボベルデを知るための60章　小川 了編著　◎2000円
79 南アフリカを知るための60章　峯 陽一編著　◎2000円
80 エルサルバドルを知るための55章　細野昭雄、田中 高編著　◎2000円

〈価格は本体価格です〉

81 チュニジアを知るための60章
鷹木恵子編著 ◎2000円

82 南太平洋を知るための58章 メラネシア ポリネシア
吉岡政德、石森大知編著 ◎2000円

83 現代カナダを知るための57章
飯野正子、竹中 豊編著 ◎2000円

84 現代フランス社会を知るための62章
三浦信孝、西山教行編著 ◎2000円

85 ラオスを知るための60章
菊池陽子、鈴木玲子、阿部健一編著 ◎2000円

86 パラグアイを知るための50章
田島久歳、武田和久編著 ◎2000円

87 中国の歴史を知るための60章
並木頼壽、杉山文彦編著 ◎2000円

88 スペインのガリシアを知るための50章
坂東省次、桑原真夫、浅香武和編著 ◎2000円

89 アラブ首長国連邦(UAE)を知るための60章
細井 長編著 ◎2000円

90 コロンビアを知るための60章
二村久則編著 ◎2000円

91 現代メキシコを知るための60章
国本伊代編著 ◎2000円

92 ガーナを知るための47章
高根 務、山田肖子編著 ◎2000円

93 ウガンダを知るための53章
吉田昌夫、白石壮一郎編著 ◎2000円

94 ケルトを旅する52章 イギリス・アイルランド
永田喜文 ◎2000円

95 トルコを知るための53章
大村幸弘、永田雄三、内藤正典編著 ◎2000円

96 イタリアを旅する24章
内田俊秀編著 ◎2000円

97 大統領選からアメリカを知るための57章
越智道雄 ◎2000円

98 現代バスクを知るための50章
萩尾 生、吉田浩美編著 ◎2000円

99 ボツワナを知るための52章
池谷和信編著 ◎2000円

100 ロンドンを旅する60章
川成 洋、石原孝哉編著 ◎2000円

カナダの歴史がわかる25話

細川道久著

四六判／並製／216頁 ◎2000円

大自然に恵まれた森と湖の国、多民族が共存する平和な国。カナダにはそんなイメージだけはあるものの、歴史についてはほとんど知られていません。イギリスとアメリカの間で翻弄された知られざるカナダの歴史を6つのテーマに分けてわかりやすく解説します。

内容構成

第1部 カナダっていつ独立したの？
第1話 ハッピー・バースデー・カナダ！／第2話 海から海へ／第3話 難問中の難問——独立への遠い道(1)／第4話 ユニオン・ジャックからメイプル・リーフへ——独立への遠い道(2)／第5話 植民地から国家、そして植民地へ？

第2部 多民族共存とはいうけれど
第6話 「多色化」の歴史／第7話 多民族の共存に向けて／第8話 激動をくぐりぬけた贈り物——日系移民／第9話 チャイナタウン哀歌——中国系移民／第10話 「白人」とはいっても——ヨーロッパ系移民／第11話 忘れ去られた民族——メイティ

第3部 世界史のうねりのなかで(1)——英仏抗争のつめあと
第12話 カナダ版・関が原の戦い——ケベック(1)／第13話 歴史も文学も持たぬ民——ケベック(2)／第14話 わが家の主人——ケベック(3)／第15話 中立のフランス人

第4部 世界史のうねりのなかで(2)——カナダと「北大西洋三角形」
第16話 北からみるアメリカ合衆国の独立／第17話 ロイヤリストの伝統／第18話 ブリタニアかあさんとサムおじさん——連邦結成(1)／第19話 忠誠な娘の難産——連邦結成(2)

第5部 カナダと戦争
第20話 自立のために／第21話 メイティたちの悲劇

第6部 カナダ史の魅力って？
第22話 カナディアン・アイデンティティ／第23話 カナダと日本／第24話 世界史のなかのカナダ／第25話 歴史に学ぶ——私は忘れない

カナダへ渡った広島移民 移民の始まりから真珠湾攻撃前夜まで
世界人権問題叢書82
ミチコ・ミッヂ・アユカワ著 和泉真澄訳 ◉4000円

カナダ・アメリカ関係史 加米首脳会談、1948〜2005
櫻田大造 ◉4000円

アメリカ大陸日系人百科事典 写真と絵で見る日系人の歴史
アケミ・キクムラ＝ヤノ編 小原雅代ほか訳 ◉6800円

世界歴史叢書
肉声でつづる民衆のアメリカ史【上巻】
ハワード・ジン、アンソニー・アーノブ編 寺島隆吉、寺島美紀子訳 ◉9300円

世界歴史叢書
肉声でつづる民衆のアメリカ史【下巻】
ハワード・ジン、アンソニー・アーノブ編 寺島隆吉、寺島美紀子訳 ◉9300円

トランスナショナル・ネーション アメリカ合衆国の歴史
イアン・ティレル著 藤本茂生、山倉明弘、吉川敏博、木下民生訳 ◉3100円

多文化社会ケベックの挑戦 文化的差異に関する調和の実践 ブシャール＝テイラー報告
ジェラール・ブシャール、チャールズ・テイラー編 竹中豊、飯笹佐代子、矢頭典枝訳 ◉2200円

イギリスの歴史【帝国の衝撃】 イギリス中学校歴史教科書
世界の教科書シリーズ34 ミカエル・ライリー、ジェイミー・バイロン、クリストファー・カルピン著 前川一郎訳 ◉2400円

〈価格は本体価格です〉